W0221568

DIE ENTSCHLEIERUNG DER WIRKLICHKEIT

Titel der Originalausgabe:
UNVEILING REALITY
Copyright ©1999 Oasis Edmonton Inc.
Erste Auflage: Oasis Edmonton Paperback 2000.
All rights reserved.
Printed in Canada.

Translation:
DIE ENTSCHLEIERUNG DER WIRKLICHKEIT
Deutsche Übersetzung 2002
Copyright © 2002 Oasis Edmonton Inc.
Alle Rechte vorbehalten.
Gesamtherstellung: Oasis Edmonton Publishing.
Printed in Canada.

Jegliche Art der Vervielfältigung des Buches oder Teile daraus nur mit ausdrücklicher schriftlicher Genehmigung des Verlages, mit Ausnahme kurzer Zitate für Rezensionen.

No portion of this book may be used or reproduced in any manner whatsoever without written permission, except in the case of brief quotations embodied in critical articles or reviews.

ISBN 1-894748-37-9
Weitere Informationen: Oasis Edmonton Publishing,
Box 78029 RPO Callingwood, Edmonton, AB, Canada, T5T 6A1

DIE ENTSCHLEIERUNG DER WIRKLICHKEIT

John de Ruiter

Oasis Edmonton Publishing
Edmonton, Kanada

Ein warmer Dank an alle,
die ihre Zeit und Fähigkeiten zur Verfügung gestellt haben,
um diese Sammlung von Dialogen
anderen zugänglich zu machen.

John
Januar 2000
Edmonton, Kanada

Bei der Übersetzung dieses Buches wurde angestrebt die Essenz und den feinsinnigen Charakter von John de Ruiters Ausführungen möglichst sinngetreu wiederzugeben. Die Eigenheit seines Ausdrucks und seine ganz spezifische Wortwahl wurden im deutschen Text so exakt wie möglich beibehalten, manchmal auch auf Kosten des Sprachflusses und der Grammatikregeln. Innerhalb der Dialoge gibt es Momente der Stille, die im Text nicht ersichtlich sind.

INHALT

VORWORT

Wir Menschen besitzen eine so wunderbare Fähigkeit… wir haben ein vollständiges Spektrum des Bewusstseins. Durch die Vehikel des Verstandes, des Körpers, der Emotion, des Willens und der Intuition können wir endlos expandierende oder auch unendlich detaillierte Dimensionen einer nach innen oder außen gerichteten Bewegung des Seins erleben. Darin haben wir, wie wir später noch erkennen können, die Fähigkeit an den unergründlichen Tiefen der Einheit mit dem Universum teilzuhaben. Und was wir ebenfalls besitzen ist Macht - die endgültige Macht, die größte Macht des gesamten Universums: wir haben die Macht zu wählen alles zu sein, was wir vorziehen, sei es wirklich oder illusionär und hierin unterscheiden wir uns von der restlichen Existenz, die nur sie selbst sein kann.

Als Seinswesen erkennen wir, was uns bewegt und was wir innerhalb dieser reichen und sehr unterschiedlichen Erfahrungen des Menschseins am meisten lieben. Wir kennen den Strom der Güte unter den Sinneshüllen sehr genau und wir lieben ihn. Es ist das menschliche Herzensbewusstsein, welches sich in einem Zustand der Liebe zur Wahrheit befindet, aus der es entspringt, der Wahrheit, von der es auf so vielfältige Weise im Inneren berührt und genährt wird.

Diese formlosen Berührungen des Seins, die eingehüllt in Sinneserfahrung zu uns kommen, beruhigen und besänftigen unsere Herzen und nähren uns auf reine Weise. Diese Berührungen sind wunderschön - und sie sind wahr. Aber anstatt in derselben wahren Seinsweise zu verweilen und diesen Berührungen zu erlauben sich auf die gleiche, leichte Weise durch uns hindurch zu bewegen, so wie sie sich in uns hineinbewegten, entdecken wir ihre Schönheit *für uns selbst*. Wir identifizieren uns mit den Sinneshüllen, den Vehikeln der Form, durch die diese Berührungen des Seins kamen und wir fangen an eine Identität zu *erschaffen*. Wir isolieren, was uns Freude und Frieden bringt und fangen an uns danach zu sehnen... fangen an es zu fordern. Als Bewusstsein haben wir tatsächlich die Fähigkeit diese Erfahrungen festzuhalten, sie zu unserem persönlichen Eigentum zu erklären, nach allem zu greifen, was wir als angenehm empfinden und alles andere wegzudrängen. Wir haben die Macht eine vollkommene und wahre Seinsweise zu Gunsten einer in sich unzulänglichen Weise der Selbstbefriedigung aufzugeben.

Und das ist der Anfang unserer eigenen Verzerrung als Bewusstsein. Je mehr Raum wir einer illusionären, aus Wollen und Brauchen bestehenden Identität geben, desto weniger Raum wird für das, was wirklich ist, bleiben. Und bald können wir nicht einmal identifizieren, was Wirklichkeit ist. Und dann beginnen wir zu suchen...

Diese falsch verstandene „Identität des Seins" führt uns auf eine falsche Suche nach einer scheinbar unerreichbaren Realität: nach der Wahrheit, von der wir *wissen*, dass sie existiert, die wir aber irgendwie nicht mehr finden können. Wir sind es als Bewusstsein, die wir uns fälschlicherweise mit unseren Ausdrucksmitteln identifizieren, anstatt die Wirklichkeit des reinen Bewusstseins zu erkennen und sich ihr hinzugeben - der Liebe, der Wahrheit selbst - die sich *durch* diese Mittel ausdrückt.

In dieser selbstbezogenen Seinsweise wird alles, was wir berühren und alles, was wir tun, verfärbt. Wenn wir leben, um die Nahrung und die Schönheit der Wahrheit oder der Liebe zur Befriedigung der Sinne zu benutzen - um uns gut zu fühlen, um inneren Frieden zu finden, um etwas zu haben, was wir unser eigen nennen können - dann befinden wir uns fortwährend auf der Suche, ohne je *wirklich* zu finden. Wir sind zu einem Bewusstsein geworden, das in einer Weise beharrlichen Wunschdenkens residiert, statt in einer wahren Seinsweise, wie die Wahrheit selbst, die wir gekostet haben und nach der wir nun hungern sie wiederzuerlangen.

Ironischerweise hat uns genau die Wahrheit, die wir am meisten lieben, immer gezeigt, wie wir sein sollen. Was wir *wirklich* am meisten lieben, ist die wahre Intimität innerer Ruhe, Sanftmut und Zärtlichkeit. *Wirklich* lieben wir nur die Seinsweise, die uns vollkommen befriedigt und nährt. Aber statt dessen erschaffen wir als Bewusstsein eine persönliche Liebe, die auf einer selbstbezogenen Sehnsucht beruht. Wir werden zu einem Bewusstsein, das die *Intimität* wahren Seins durch das *Persönlichsein* unehrlichen Verlangens ersetzt. Wir werden ruhelos und wir verhärten innerlich bei unserer Anstrengung festzuhalten und zu kontrollieren. Wir tauschen die sanfte und zärtliche Art einer *wirklichen* Seinsweise gegen eine Weise innerer Anstrengung und Verlangen aus. Wir verlieren die Güte, von der wir *wissen*, dass sie wahr ist und wir gewinnen eine Güte, von der wir *denken* und *fühlen*, dass sie wahr ist, die auf der Befriedigung persönlicher Wünsche und Träume beruht. Wir verlieren unsere Verbindung mit der Wirklichkeit… wir kommen von unserem Weg ab. Wir verlieren die Integrität der Hingabe an die *einzige* Wirklichkeit, weil wir eine persönliche, in sich leere Wirklichkeit an ihrer Stelle erschaffen haben.

Als junger Mann mit siebzehn wurde ich unerwartet mit einer Erkenntnis und einem Erlebnis des Einsseins mit der Urquelle beschenkt: mit einem intimen Universum im Inneren und gleichzeitig einem genauso intimen Universum im Äußeren. Ich befand mich bewusst und klar zwischen den beiden, doch war ich gleichzeitig im Einssein mit beiden. Mein Gewahrsein der Wirklichkeit dehnte sich in Weisen aus, die ich mir niemals hätte vorstellen können. Ich erlebte Freude, Liebe und eine tiefe innere Ruhe und ich wurde inniglich mit einer wahren Seinsweise wiederverbunden, die ich zu der Zeit mit meinem Verstand nicht begreifen konnte.

Diese wahre Seinsweise löste sich langsam wieder auf und nach einem Jahr verschwand alles so schnell, wie es gekommen war. Ich befand mich in einem Zustand, in dem ich mich völlig leer und unvollkommen fühlte. Ich dachte, dass das Leben nur bedeutungslos und oberflächlich sein könnte, ohne die Intimität und den Nektar des Einsseins mit der Quelle - der Wirklichkeit und der Wahrheit - zu erleben und ohne die Befriedigung der nährenden Seinsweise, in der ich mich befunden hatte. Doch hatte ich inmitten dieses allem Anschein nach unglaublichen Verlustes ein winzig kleines Wissen: ich *wusste* noch um die wahre Weise der Sanftheit und Ruhe, mit der ich dieses ganze Jahr hindurch wieder warm vertraut gemacht worden war, obwohl ich sie weder verstehen noch spüren konnte.

Statt einfach in dieser Seinsweise, von der ich wusste, dass sie wahr ist, zu verweilen - ungeachtet jeglicher persönlicher Kosten bezüglich meiner Emotionen und meines Verstandes -

versuchte ich anfänglich die Empfindungen der Wahrheit wiederzuerlangen. Als ich es zuließ, dass sich meine eigene Ehrlichkeit verfeinerte, erkannte ich, dass es nicht auf das Erlebnis an sich ankam, sondern nur auf die Wahrheit… aber ich glaubte meinen Weg verloren zu haben. Ich begann mich auf vielfältige Weise intensiv zu bemühen und zu suchen, indem ich unermüdlich alles verfolgte, von dem ich glaubte, es könnte mir den Weg zurück zeigen. Und als Bewusstsein… führte mich das tiefer und tiefer in mich selbst hinein. Ich erlaubte der inneren Ehrlichkeit jede Doktrin, jeden Lehrer und jede Technik, mit der ich in Berührung kam, zu begutachten, nur um dabei zu entdecken, dass sie alle weniger als das absolut Wahre enthielten. Ich war vollkommen am Boden zerstört. Jedesmal wenn ich wieder eine andere Unwahrheit entdeckte, ließ ich mich noch tiefer in mich selbst hineinfallen. Als Bewusstsein war ich am Grunde meines eigenen Brunnens angekommen, eines Brunnens, den ich selbst ausgehoben hatte, indem ich mich fortwährend hatte aufbrechen lassen, tiefer und tiefer... und da gab es kein Wasser.

Schließlich ließ ich durch Schlichtheit des Herzens, durch reine und absolute Ehrlichkeit, einfach nur los. Ich ergab mich... bedingungslos... um einfach nur auf dem Grunde dieses Brunnens der Dunkelheit zu sein und nie wieder zu versuchen herauszukommen - warmherzig nie mehr auf Wasser zu hoffen. Und es geschah genau in diesem Moment, dass ich wieder in die wohlwollende Wirklichkeit des reinen Seins eingetaucht war. Ich wurde von derselben, absolut reinen Wirklichkeit der Wahrheit, die ich vorher gekannt hatte, erfüllt, nur dieses Mal bis in die Tiefen hinein, die ich mir selbst erlaubt hatte innerlich ausgehöhlt zu werden. Jetzt wusste ich, dass ich nicht nur die Wahrheit mehr liebte als mein eigenes, persönliches Leben, sondern dass die Wahrheit nur durch reine Ehrlichkeit *wirklich* erkannt werden kann und durch eine Hingabe in Offenheit und Sanftmut an das, was diese Ehrlichkeit enthüllt. Wahrheit heißt Wirklichkeit mit einer geöffneten Hand zu lieben, statt die Wirklichkeit mit der geballten Faust persönlicher Bedürfnisse und Forderungen zu verfolgen.

In den Jahren danach erfolgte fortwährendes Erwachen. Ich verweilte in unveränderlicher Ehrlichkeit und Hingabe an das, was ich als wahr erkannt hatte, indem ich meinen eigenen, selbst erschaffenen Konstruktionen sowie meinen mentalen und emotionalen Bindungen erlaubte zu sterben. Und während dies geschah, erwachte meine Fähigkeit als integriertes Bewusstsein zu wirken - als ein Seinswesen für das zu leben, was ich am meisten liebe. Tiefer und immer tiefer erkannte ich, dass ich nur der Wahrheit dienen würde; dass ich in Hingabe an das leben würde, was ich *weiß...* ohne Rücksicht auf *irgendwelche* persönliche Kosten. Ich gehöre nicht mehr mir selbst. Ich gehöre der Wahrheit. Ich habe kein Interesse an Macht oder an persönlicher Identität, nur eine Liebe zum wahren Sein, getragen von einer absolut inneren Ehrlichkeit des Herzens.

Es ist so leicht für jeden einfach nur in derselben wahren Seinsweise als Bewusstsein zu ruhen. Alles, was erforderlich ist, ist reine Hingabe an das, von dem du ehrlich weißt, dass es wahr ist und alles was es kosten wird, sind deine persönlichen Wünsche und Bedürfnisse. Alles, was es dich kosten wird, ist nur deinen persönlichen Traum... deine Illusion. Wenn du dann weiterhin die Wahrheit bis zu dem Punkt hereinlässt, an dem sie alles, was unwahr ist, in dir ersetzt hat, dann *wirst* du zu wahrer Form. Du lernst dein *wirkliches* Selbst kennen und du beginnst die Wirklichkeit, in der du einmal gelebt hast, als du sehr, sehr jung warst, zu erkennen und zu leben. Du beginnst als ein echtes menschliches Wesen zu wachsen, als ein geliebter Diener der Wahrheit, anstelle eines menschlichen „Möchtegerns", eines Sklaven deiner eigenen Illusion.

Wahrheit ist so mühelos, sie ist so total nährend und vollkommen. Sie ist alles, wonach wir immer gesucht haben. Und doch war sie immer hier, genau hier in unseren eigenen Herzen, in uns als Bewusstsein. Wahrheit *ist* Bewusstsein, aber unsere eigenen Verzerrungen verbergen sie. Wahrheit ist immer so nahe gewesen, so zugänglich - sie wartet nur auf unsere offene Tür. Und die größte Macht, die wir als menschliche Wesen haben, ist die der Wahl. Wir können wählen unsere eigenen Eingangstore zur Illusion zu errichten und alles erschaffen, was sie enthalten werden oder wir können die Tür öffnen und einfach die Wirklichkeit hereinlassen - uns von ihrer Reinheit und unergründlichen Güte einfach vollkommen verzehren lassen. Es liegt ganz an uns. Aber in dem Moment, in dem wir diese Tür öffnen, selbst nur einen Spalt, dann ist das, was wir finden werden - wenn wir uns im Inneren ehrlich sein lassen - völlig unwiderstehlich...

John de Ruiter
Februar 2000
Edmonton, Kanada

EINLEITUNG

Das Erwachen ist nicht unbedingt angenehm:
dir wird vor Augen geführt,
warum du es diese ganze Zeit
vorgezogen hast zu schlafen.

Wenn du erwachst,
siehst du als erstes,
dass die *Wirklichkeit nicht für dich existiert,*
du existierst für *sie.*
So schockierend das ist,
wenn du dies hereinlässt,
kehrt Ruhe ein.

Du brauchst dich nicht mehr zu bemühen
eine Wirklichkeit zusammenzuhalten,
die nicht existiert,
etwas zu zwingen wirklich zu sein,
das nicht wirklich ist.

Du und dieses Leben, das du geführt hast,
sind nicht *wirklich...*

Indem du das herein lässt,
selbst im Schock... im Schmerz... im Zerbrechen,
kehrt Ruhe ein.

Die Wirklichkeit ereignet sich,
wenn du nur das wissen willst,
was wahr ist...
nur damit du
sie hereinlassen
und selbst *wahr sein* kannst.

Wirklichkeit ist kein sicherer Ort für *dich* -
für das Du, das du erschaffen hast.
Sie ist der einzige Ort,
wo *du* sterben musst,
wo kein Raum
für *deine* Hoffnungen, *deine* Träume ist.

Hast du sie einmal hereingelassen,
fängst du einmal an wieder zu erwachen,
die Wirklichkeit dich aufwecken zu lassen,
kann nichts sie wieder herausbekommen.
Das ist der Anfang *deines* Endes.
Erwachen kann sehr viel schmerzhafter sein
als die Agonie deines Traumes,
aber Aufwachen ist das *Wirkliche*...

Und es findet eine Integration statt:
ein Verschmelzen der Wirklichkeit mit dir.
Du und die Wirklichkeit, ihr werdet *eins*
in einer Welt, die „eins"
weder akzeptiert noch haben will,
sondern zwei.

Du wirst zu einem geliebten Diener werden,
statt zu einem kontrollierenden Meister...

John de Ruiter
Februar 2000
Edmonton, Kanada

Die folgenden sieben Kapitel sind eine Zusammenstellung überarbeiteter Transkriptionen aus Meetings mit John de Ruiter und seinen Zuhörern in Edmonton und Vancouver (Kanada), London und Bristol (England), und Boulder (USA).

Der Text dieses Buches enthält Johns Lehren. Die Fragen der Zuhörer sind kursiv gedruckt.

I

Vancouver, Kanada - 15. Januar 1999

AUF EINEM SPIRITUELLEN PFAD

Von allem, was
irgendeine Bedeutung hat,
zählt nur das,
von dem die Ehrlichkeit *weiß,* dass es wahr ist,
und dafür lebt sie
und dafür stirbt sie.
Das bedeutet ihr alles.
Es ist ein Fließen in nur eine Richtung:
alles was *du* bist
für das, von dem du *weißt, dass es wahr ist.*

Endlich darfst du alle deine Rechte aufgeben:
dein Recht auf Liebe, auf Glück,
auf Schmerzlinderung, auf Frieden
... dein Vorrecht.
Und was übrig bleibt,
das jemals wieder ein Vorrecht hat,
ist das winzigste kleine Bisschen,
von dem du *weißt, dass es wahr ist.*

Nichts ist einfacher.
Dafür ist dieses Leben da.
Dafür sind die Oberflächenkörper da:
lebende Vehikel, um der Wahrheit Ausdruck zu verleihen,
nicht unserem Wollen und Brauchen.
Wenn wir innerlich still und sanft geworden sind,
dann *wissen* wir das wirklich.

Dieses Kapitel beinhaltet Dialoge zwischen John und seinen Zuhörern in Vancouver, Kanada - 15. Januar 1999.

Frage: Ich habe eine Frage in Bezug auf Ertüchtigung und Disziplin. In manchen Traditionen ist Anstrengung ein Bestandteil des Weges der Hingabe. Auf Buddhas Pfad ist Disziplin sehr wichtig und anstrengendes sich Niederwerfen ist Teil der Ausübung.

John: Es wird also eine Struktur benutzt, um den Teil von dir zu finden, der formlos ist, der keine Struktur hat?

Ja, es heißt auch den Körper auf eine bestimmte, disziplinierte Weise zu gebrauchen.

Im Körper zu sein, als Form zu wirken, das ist gut. Wenn man aber den Verstand und den Willen mit dem Körper verbindet, um die Wirklichkeit innerhalb des Bewusstseins oder des Herzens zu erlangen, gelingt das nicht. Das bedeutet den Fokus des Verstandes und des Willens gemeinsam mit dem Vehikel der körperlichen Form als Werkzeuge zu benutzen, um etwas Form*loses* zu isolieren und zu erwerben. Der Wille und der Verstand können Wahrheit, Wirklichkeit oder Sein nicht erlangen. Sie können nicht benutzt werden, um die formlose Realität der Wahrheit oder des Seins innerhalb des Herzens zu erlangen. Nichts in Form: weder eines allein, noch irgendeine Kombination von „Oberflächenvehikeln des Ausdrucks" - wie der Verstand, die Emotionen, der Körper, der Wille und die Intuition oder irgendeine Struktur, Disziplin oder Ertüchtigung - können als Werkzeug benutzt werden, um die form*lose* Realität einer wahren Art zu sein innerhalb des Herzens zu finden.

Kein noch so unermüdliches *Tun* durch irgendeines der „Oberflächenvehikel" kann das erreichen. Wenn du erst einmal alles äußere Tun an eine innere *Art zu sein,* die wahr ist, hingegeben hast, dann kann diese wahre Seinsweise, die im Herzen - im Innersten des Bewusstseins - ihren Ursprung hat, *durch* die „Oberflächenvehikel" wirklich in Form *ausgedrückt* werden. Aber das ist ein Fließen in nur eine Richtung, vom Innersten her nach außen. Es kann nicht von außen nach innen erreicht werden. Du kannst nicht *„tun,* um zu *sein".*

Irgendwie verstehe ich das, aber auf einer tiefen Ebene verstehe ich es nicht.

Warum würdest du auf einer tiefen Ebene jemals *„tun,* um zu *sein",* wenn du einfach *„sein"* könntest? Wenn du es ohne die Disziplin „erreichen könntest", ohne Fokus, ohne die *Werkzeuge des Tuns,* Jahr um Jahr um Jahr, würdest du immer noch *„tun,* um zu *sein"?*

Ich würde nicht zugeben wollen, dass ich in all den Jahren das „A, B, C" geübt habe, nur um herauszufinden, dass das alles unnötig war. Ich beziehe mich auf die Disziplin, die Meditation, das Niederwerfen, die Gurus und gewisse Methoden des Lernens. Ich kann das nicht alles abwerten, einfach nur so.

Also wirst du das alles weiterhin *tun*?

Nein, ich habe nur darauf verwiesen, was ich in der Vergangenheit gemacht habe. Und dann zu hören, dass zum Beispiel Bücher nicht wirklich helfen und dass Lernen nicht hilft - dem kann ich nicht freudig zustimmen...

Weil du da schon hinein investiert hast?

Zum Teil stimmt das sicherlich.

Aber wenn du gerade dabei bist, enorm viel da hinein zu investieren und es möglich ist, dass du nichts von all dem tun musst, würde dich das stören?

Du meinst, wenn ich gerade auf dem spirituellen Pfad anfangen würde? Das ist schwer zu sagen. Ich bin darin so aufgegangen... der Aspekt der Disziplin ist wirklich Teil meines Lebens. Das meine ich, wenn ich sage, ich bin darin aufgegangen.

Und was hat dir dieses „darin Aufgehen" gebracht?

Es hat mich auf dem spirituellen Pfad gehalten.

Was hat dieser spirituelle Pfad für dich getan?

Nun, ich bin hier.

Und vorher, was hat er für dich getan? Alle diese Jahre, was hat der spirituelle Pfad für dich getan?

Ich war fähig mein Sein zu erkennen.

Und wie sieht das aus?

Ich weiß, dass es einen tieferen Teil von mir gibt als nur die weltlichen Lebensaspekte.

Aber sogar bevor du dich noch auf einen Pfad begeben hast... in dem Moment, als du innerlich ruhig warst, da wusstest du dasselbe: es gibt einen viel tieferen Teil von dir als das Leben, mit dem du an der Oberfläche vertraut bist.

Ja, ich glaube, ich wusste das, aber ich wollte mich noch mehr damit verbinden oder mehr in dem tieferen Teil sein.

Wenn sich Menschen auf einem Pfad befinden, besonders wenn es ihnen ernst damit ist, dann öffnen sie sich tatsächlich größeren Tiefen innerhalb des Bewusstseins und sie werden weicher. Und es passiert auch noch etwas anderes. Es bildet sich diese sehr feine, komplizierte und raffinierte innere Struktur, eine Struktur, bei der es darum geht mehr zu *bekommen...* mehr Raffinesse, mehr Wissen: Wissen wie sich zu bewegen, Wissen wie zu sein, Wissen wie zu fließen. Und darin ist *etwas* für *sie*. Somit ist es nicht einfach nur frei. Es ist ihnen wichtig, dass sie so sind. Es ist ihnen wichtig, dass man sie so sieht. Und jeder, der nicht so ist, wird als... minderwertig angesehen.

Da ist also eine gewisse spirituelle Überheblichkeit. Ich... bin so gewesen.

Das wird immer geschehen, wenn man sich auf einem Pfad befindet. Wenn du dich auf einem Pfad befindest, bist du nicht für das, was wahr ist, auf einem Pfad, du bist um deinetwillen auf einem Pfad. Somit wird alles, was sich auf diesem Pfad ereignet, von dir *in Besitz* genommen. Dieser Pfad wird eingeschlagen, damit sich der grobe „Jemand" in einen raffinierten, spirituell verfeinerten „Jemand" verwandeln kann.

Wenn du an der Wahrheit interessiert bist, dann wird es überhaupt keinen Pfad geben. Wenn Wahrheit alles ist, was du wirklich willst, nur um dich ihr hinzugeben, dann erfolgt eine unmittelbare innere Hingabe: eine vollkommene Hingabe von all dem, was du tust und von all dem, was du für dich selbst erlangt hast, als du ein „Jemand" warst - und es kommt innerlich zu einem einfachen Ruhen im Bewusstsein. Dieses Ruhen von all dem Streben und Tun für selbst geschaffene Ziele, das bist du als Bewusstsein, das endlich in einer Seinsweise wohnt, die wahr ist. Das bist du als Bewusstsein, das „nach Hause" zurückkehrt.

Du wirst die Wahrheit dieser Seinsweise erkennen und sie *wissen*, in dem Augenblick, indem du dich in ihr sein *lässt*. Diese

Offenheit und Sanftmut des inneren Bewusstseins ist die wahre Seinsweise, die jeder tatsächlich kennt. Es erfordert *Ehrlichkeit* des Bewusstseins das zu sehen. Und es erfordert eine *Liebe* für das wahre Sehen, um dich ihr hingeben zu können. Dann wirst du zu einem geringeren „Jemand". Dann kommt es zu einem Verlieren von all dem, was in Wirklichkeit bereits innerlich tot ist.

Menschen, die sich auf einen Pfad begeben, tun das nicht, um etwas zu *verlieren* oder um etwas aufzugeben für das, was sie als wahr erkannt haben. Sie sind auf einem Pfad, um zu *bekommen.* Auf einem Pfad zu sein bedeutet, dass sie weiterhin ansammeln. Statt auf einem Pfad zu sein, kann da eine vollkommene Hingabe an das vorhanden sein, was sie als Bewusstsein tatsächlich als wahr *erkannt* haben, ungeachtet dessen, wie winzig das zu sein scheint.

Du könntest alles, was du bist, hingeben, deine gesamte Existenz hingeben - nur weil es wahr ist, nicht weil es etwas für dich tut. Bei so einer Hingabe, egal was für ein „Jemand" du bist, wird alles aufgegeben. Für dich springt dabei nichts heraus. Es ist das, was du *als wahr erkannt hast*, das *dich* tatsächlich bekommt. Solange von Methoden, Ertüchtigung, Disziplin und Fokus Gebrauch gemacht wird, macht man das immer für sich selbst.

Und um Mitgefühl zu entwickeln.

Für wen? Warum würdest du versuchen Mitgefühl zu entwickeln?

Um anderen Leuten zu helfen... um mit anderen in Kontakt zu treten, um liebevoll zu anderen zu sein… weil es ein Bestreben ist. Ich bin nicht der Ansicht, dass Mitgefühl total selbstbezogen ist. Ich sehe es als etwas, das sich hinausbewegt, wie wenn da ein Strom ist, der dann zum Meer des Mitgefühls wird. Es ist nicht nur auf mich selbst gerichtet.

Worauf ist es dann gerichtet?

Auf andere... weil ich das so will.

Sobald du daran interessiert bist Menschen zu lieben, wirst du zu einem „Jemand". Du wirst zu einem viel raffinierteren „Jemand": einem sehr liebevollen „Jemand", einem sehr freundlichen „Jemand", einem mitfühlenden und sanftmütigen „Jemand". Und das streben die Leute gerne an, weil sich das wirklich gut anfühlt, wenn sie liebevoll und freundlich und mitfühlend und sanftmütig sind. Aber es ist nicht gut, weil sie es für sich selbst tun. Es wird nicht wirklich für andere getan.

Was geschieht, ist vielmehr, dass man jemanden *benutzt,* um etwas zum Lieben zu haben, denn wenn du nichts zum Lieben hast, dann hast du nichts im Inneren. Dann bist du leer. So werden die Menschen, die „geliebt" werden, eigentlich benutzt. Und diese Liebe ist keine bedingungslose Liebe.

Was wäre, wenn die Person, die du liebst, es zu ihrem Lebenszweck machen würde, dich zu verletzen und zu zerstören und zu erniedrigen und damit bis zu ihrem Tod nicht aufhörte? Hättest du Bedenken diese Person zu lieben? Alles was du tun müsstest, wäre nur einfach diese Person nicht mehr zu lieben und alles wäre in Ordnung. Würdest du zögern? Würdest du diesen Menschen übergehen und dich einem anderen zuwenden?

Wenn ein Mensch liebevoll ist und diese Liebe *wirklich* ist, dann würde es keine Rolle spielen, wie tief du in diese Person als Bewusstsein eindringst. Du würdest niemals auf eine Grenze stoßen. Und da gäbe es keinen inneren „Knopf" zu drücken. Du könntest sie bedrängen, missbrauchen und ausnutzen. Du könntest absolut alles mit ihr machen, so tief, wie du auch nur in diese Person innerlich eindringen könntest, um sie zu verletzen. Je tiefer du eindringen würdest, desto größer wäre die Tiefe der Liebe und es gäbe kein Zögern, kein Scheitern.

Wenn aber jemand seinen oder ihren Willen benutzt und sich

Mühe macht, um liebevoll zu sein, dann braucht man nur den Willen dieser Person „anzutasten" und diese Liebe wird sich in ihr Gegenteil verwandeln. Sie wird dann nicht mehr so nett aussehen. Sie wird sich in Entäuschung, Ärger und Hass verwandeln. Wir benutzen andere als Liebesobjekte und wenn sie nicht mögen oder nicht schätzen, wofür wir sie benutzen, werden wir ärgerlich. Wenn sie uns nicht dabei behilflich sind sie zu „lieben", werden wir unglücklich. Sollten sie jedoch wirklich kooperativ sein, dann fühlen wir uns glücklich, weil wir glauben und fühlen, dass wir wirklich erleben „liebend" zu sein. Und tief im Inneren bleiben wir leer.

Wenn das „Lieben", das wir praktiziert haben, uns nicht tief im Inneren berührt hat, nicht das angesprochen hat, wovon wir tief im Inneren unseres Bewusstseins *wissen*, dass es wahr ist, dann ist jedes Glücklichsein, das wir erlangt haben, gleichermaßen seicht wie unbefriedigend. Es erfüllt nicht, weil es nicht aus unserem innersten Sein kommt. Diese Art der Liebe ist weder kraftvoll, noch wirklich, weil sie kein natürlicher Fluss des Ausdrucks ist, der seinen Ursprung in einer innersten Seinsweise hat, die vollkommen und wirklich wahr ist. Das hält uns in einem Zustand, in dem wir es fortwährend *nötig haben* zu lieben und fortwährend nach mehr von dieser unvollkommenen Art der Liebe *hungern,* von der wir innerlich genau wissen, dass wir sie überhaupt nicht brauchen.

Die einzige Weise, auf die man dir eine Liebe, die wirklich mächtig ist, eine Liebe, die echt ist, anvertrauen kann, ist... wenn du erst einmal bedingungslos und warmherzig damit okay sein könntest deine „Fähigkeit zu lieben" sowie deine „Fähigkeit geliebt *zu werden"* zu verlieren. Wenn man sie dir wegnehmen würde und du ihrer für immer beraubt wärest, sodass du sie nie wieder zurückbekommen würdest, könntest du warmherzig damit okay sein, solch eine lieblose und unliebenswürdige Person zu sein und könntest du damit okay sein, dass es sich niemals ändern müsste? Das ist Liebe.

In dem Maße, in dem wir der Sucht „Liebe zu wollen" verfallen sind, ist dann jede Liebe, die wir geben etwas, das wir zusammenfügen, weil wir ohne sie nicht leben können. Wir können uns selbst nicht akzeptieren, wenn wir diese Liebe nicht *haben,* wenn wir nicht *so* sind. Somit ist unser „Lieben anderer" dann nur ein Gewand, das wir tragen. Und wir werden das beste Gewand anlegen. Auf einem Pfad zu sein heißt immer nach mehr zu suchen. Alles, was wir finden, häufen wir an und dann werden wir mehr. Wir werden zu einem „Jemand", der *etwas* hat.

Wenn du in dem lebst, wovon du weißt, dass es wahr ist, in einer Seinsweise, die dem Innersten deines Bewusstseins entspringt, versuchst du niemals mehr zu erlangen. Was geschieht, ist, dass du warmherzig mit weniger und weniger und weniger zufrieden wirst. In dir als Bewusstsein hat die Suche nach mehr aufgehört. Du liebst fortwährend „weniger". Und dann... je weniger dein zusammengefügtes *du* wird, desto feiner wird deine Seinsweise als Sein, als Bewusstsein, als ein Herz.

Wenn deine Seinsweise nicht mehr mit selbstbezogenem Willen, Verstand und Emotionen angefüllt ist und es kein Anliegen mehr gibt, dann ist alles, was bleibt, nur eine Offenheit und ein Raum für die formlose Realität der Wahrheit oder des Seins in dir als Bewusstsein, die sich auf jede beliebige Weise ausdrückt. Je mehr du es liebst einfach alles dieser Seinsweise hinzugeben, um so mehr wird diese Seinsweise *deinen* zusammengefügten Lebensraum einnehmen. Da wird es keinen Pfad geben, denn du gibst *dein* Wollen und *dein* Brauchen auf. Was bleibt, ist nur eine wahre Seinweise: eine Offenheit, eine Sanftmut und eine Hingabe an das, wovon du ehrlich weißt, dass es wahr ist. Unabhängig davon, was das bringt oder nicht bringt, wärest du zutiefst befriedigt. Es *könnte* gar keinen Pfad geben. Du würdest ohne Pfad leben, einfach auf eine Seinsweise, die wahr ist.

Unter denen, die sich auf einem Pfad befinden, gibt es keine „Niemande", die *nichts* haben und mit weniger zufrieden sind. Auf einem Pfad zu sein heißt auf einem Pfad zu sein, der *wegführt* von dem, wovon wir wissen, dass es wahr ist. Es heißt auf einem Pfad nach „mehr" zu sein: mehr von dem, was wir wollen, mehr von dem, was wir bevorzugen, mehr von dem, wovon wir denken, dass wir es brauchen. So arbeiten wir dann hart und lesen Bücher, studieren, nehmen an Seminaren teil und üben uns in Disziplinen, denen wir innerlich nicht *wirklich* treu sind. Wenn du das, was du wolltest, bekommen könntest ohne jemals zu meditieren, dann würdest du nie wieder meditieren...

Aber da entwickelt sich doch etwas. Durch Meditation wird man zum Beobachter. Irgendwie ist es eher selbstbezogen.

Der Beobachter ist ein noch raffinierterer, geübter „Jemand". Der Beobachter will sich nicht dem unterordnen, von dem er weiß, dass es wahr ist, denn dann würde er darin verschwinden und dann gäbe es keinen Beobachter mehr. Der Beobachter hält sich in Sicherheit.

Wie kann man den Beobachter aufgeben?

Indem man sich dem unterordnet, von dem man ehrlich weiß, dass es wahr ist. Wenn du als Bewusstsein Ehrlichkeit hereinlässt, dann fängst du sofort an alles zu sehen - alles, woran du dich festklammerst und alles, was du willst. In dem Augenblick, indem du siehst, was du willst, erwacht ein Wissen, dass du das nicht brauchst. Es entsteht eine innere Hingabe es loszulassen. Eines der Dinge, die du dann aufgeben wirst, ist der Beobachter zu sein.

Was übrig bleibt ist dein Verschmelzen mit dem, was du als wahr erkannt hast. Du *wirst* das. Und das *Du,* an das du gewöhnt bist, inklusive Beobachter, wird verschwunden sein. Das *Du,* mit dem du vertraut bist, wird ausgelöscht werden. Es wird alles zu Ende sein. Selbstbestimmung wird zu Ende sein. Für dich selbst zu leben wird zu Ende sein. Für das Glücklichsein zu leben, für

Frieden, für Liebe und für Freude zu leben wird zu Ende sein. Du wirst für *das* leben, wovon du weißt, dass es wahr ist, nur weil es wahr *ist,* und nicht weil du davon irgendeinen Vorteil hast. Und nun spielt es keine Rolle mehr, ob auf Grund deiner Liebe zur Wahrheit, der du dich hingegeben hast, Leiden entsteht oder Gewinn.

Sollte sich dir dann ein Weg des vermeintlichen Glücks oder ein Weg des vermeintlichen Unglücks anbieten und du könntest dich für einen von beiden entscheiden, du würdest nie mehr einen Weg dem anderen vorziehen. Sobald sich eine Wahl zwischen diesen beiden auftäte, würdest du nur innerlich offen und sanft werden und in dem ruhen, von dem du weißt, dass es wahr ist, und dich von diesem Wissen entweder auf den einen oder auf den anderen Weg führen lassen. Es gäbe keine Präferenz. Du wärest nur an dem Weg interessiert, welcher der „wahrste" ist.

Wenn beide wahr wären, aber es gäbe ein Wissen, dass es nur ein kleines bisschen „wahrer" wäre, für den Rest deines Lebens in die Richtung vermeintlichen Unglücks zu gehen - dass alles schiefgehen würde, anstatt leicht, wie auf einem Wege des Glücks - würdest du dich dann ohne Zögern dem hingeben, von dem du weißt, dass es wahr ist? Solltest du den vermeintlichen Glücksweg gehen, aber Jahr um Jahr in dir dieses merkwürdige kleine „Nagen" empfinden, dass es ein klein wenig „wahrer" gewesen wäre, den Weg des Unglücks zu beschreiten, dann würdest du umkehren, wenn du das, was wahr ist, *wirklich* wolltest. Du würdest den Weg des vermeintlichen Unglücks beschreiten. Solltest du auf dem Weg zum Glück verbleiben, dann würdest du, solange du auf diesem Wege wandelst, ständig rationalisieren und rechtfertigen, warum du auf einem Pfad bist. Auf diesem Pfad würde es nur um *dich* gehen. Ginge es wirklich um das, von dem du weißt, dass es wahr ist, dann würdest du unverzüglich umkehren. Du würdest dich liebend auf den Weg vermeintlichen Unglücks begeben, nur weil du um die Wahrheit weißt.

Wenn du aber das, was richtig ist und was du für richtig

hältst, für *dich selbst* tust, dann geschieht, dass du nur selbstgerecht wirst. Und du kannst es nicht mehr loswerden. Alles, was du innerlich anders machst oder veränderst - wenn du es für *dich* selbst tust - lässt die Selbstgerechtigkeit nur noch feiner und ausgefeilter werden, noch raffinierter. Sie wird sogar besser *aussehen.*

Aber sobald du das erkennst, kannst du das alles aufgeben, alles loslassen. Nicht für *dich,* sondern für das kleine Bisschen, von dem du ehrlich weißt, dass es wahr ist. In dir ist ein Wissen, dass das Wenige, das du sicher weißt, *wirklich* wahr ist. Es ist mehr wert als dein ganzes zusammengefügtes *Du.* Es ist mehr wert als *dein* Leben. Es ist mehr wert als *deine* Gefühle und *deine* Gedanken. In dem Augenblick, in dem du dir erlaubst dieses Wissen *zu realisieren,* kannst du dann dafür leben.

Dann bist du nicht mehr auf einem Pfad. Dann befindest du dich in freiem Fall innerhalb des geringsten Bisschens, von dem du tatsächlich weißt, dass es wahr ist. Dann gibt es in dir als Bewusstsein kein Zögern mehr, da gibt es kein Zurückblicken. Alles, was du bist, ist warmherzig und aufs Höchste in all das verliebt, von dem du wirklich weißt, dass es wahr ist. Und es wird niemals *deinetwegen* getan.

Wenn da solch eine Hingabe ist, dann wirst *du* - wenn die Liebe kommt - nicht in ihr sein. Wenn eine Liebe für jemanden entsteht, so wird es eine Liebe sein, die nicht durch deine Erkenntnis bedingt ist, dass es sich gut anfühlt zu lieben. Sie wird auch nicht durch deine Erkenntnis bedingt sein, dass wenn du jemanden liebst, derjenige oder diejenige dir nachgeben wird; dass deine Fähigkeit von dieser Person zu bekommen, was du willst, wirklich zunimmt.

Wenn die Hingabe um *deinetwillen* geschieht, dann erkennst du im Inneren, dass deine Liebe die mächtigste Art der Kontrolle ist. Das wird sehr schnell erkannt. Da ist ein Genie am Werk, welches das alles zusammenfügt. Sogar kleine Kinder fangen an das zu tun, in dem Moment, in dem sie dies erkennen. Wenn wir älter werden, lernen wir, wie wir es verbergen können. Wir lernen, wie wirklich, wirklich gewandt wir sein können. Wir sind Experten der Verstellung. Wir können es uns nicht leisten, dass irgendjemand sieht, was wir tun, denn dann wären wir bloßgestellt. Anstatt diese liebevolle, nette, freundliche, sanfte, großzügige, mitfühlende Person zu sein, wären wir als Schwindler entlarvt und dann würde man uns nicht mehr trauen. Wir könnten es nicht ertragen, dass man uns nicht traut und wir könnten es nicht ertragen so gesehen zu werden.

Also als Kinder haben wir dieses innere Wissen um die Wahrheit, und dann wird es manipuliert und überdeckt...

Unser inneres Wissen durchkreuzt das, was *wir* wollen. Sobald etwas das, was *wir* wollen durchkreuzt, verbergen wir es. Wenn wir uns dem hingeben wollen, von dem wir wissen, dass es wahr ist, nur weil es mehr Wert ist als unser Leben oder irgendetwas anderes, das *wir* je wollen könnten, dann gäbe es anstelle eines Verbergens von dem, was wir als wahr erkannt haben, eine ganz feine Sensibilität. Wir würden uns dem winzigsten Bisschen hingeben, von dem wir finden, dass es wahr ist, selbst wenn es *unser* ganzes Leben kosten würde, weil wir die Wahrheit mehr lieben als *unser* Leben. Somit gäbe es kein Zögern. Dann würde die Wahrheit enthüllt werden, anstatt verhüllt.

Auf einem Pfad zu sein heißt die Art der Wahrheit zu suchen, die dem, was *wir* wollen, wirklich passt und dient. Das heißt, nicht die Art der Wahrheit zu suchen, die dem dient, von dem wir wissen, dass es wahr ist. Sie dient nur dem, was wir *wollen.* Daher ist es nicht so sicher mit jemandem zu sein, der sich auf einem Pfad befindet, wie mit einer Person, die grob, ungehobelt, aber direkt „alles was ich will ist das, was ich will" lebt. So ein Individuum ist eben wie es ist. Nichts ist verborgen. Alles ist simpel und direkt.

Bei jemandem auf einem Pfad ist alles verborgen. Nur wie

diese Person gesehen werden möchte, ist offensichtlich. Aber hinter all dem steckt ein geschultes und erfahrenes Sehen und Abschätzen. Alles, wofür diese Person lebt, ist nur genau das zu bekommen, was er oder sie will und niemand darf sehen, dass es das ist, was diese Person wirklich tut. Mit jemandem zu sein, der sich auf einem spirituellen Pfad befindet, ist nicht sehr sicher. So eine Person ist sehr erfahren und geübt, nicht nur sich selbst, sondern auch andere und die Wahrheit auszunutzen. Einem, der sich auf einem Pfad befindet, kann Liebe *oder* Wahrheit nicht anvertraut werden.

Nun, ich glaube, man müsste furchtlos sein, um sich frei fallen zu lassen.

Nur ehrlich. Nur die Ehrlichkeit des Bewusstseins kann jemals furchtlos sein. Angst ist nur dann vorhanden, wenn das Bewusstsein unehrlich ist. Wenn das Bewusstsein unehrlich ist, dann versteckt es sich vor etwas, von dem es weiß, dass es wahr ist. Es erschafft etwas anderes, von dem es weiß, dass es nicht wahr ist. Es versteckt sich darin und kleidet sich innerhalb dieser Illusion. Und nun ist Angst da, weil tiefer im Inneren dieses Wissen ist, dass etwas dasjenige bedroht, worin diese Person als Bewusstsein lebt.

Solch eine Art Bewusstsein oder so ein Herz glaubt: „Wenn ich das nicht beschütze, dann werde ich mich zu entspannen beginnen. Und sobald ich mich wirklich entspanne und beginne innerlich okay zu sein, fange ich das zu sehen an, von dem ich weiß, dass es wahr ist. Und ich sehe, dass *das, worin ich mich befinde, eine Illusion ist.* Ich werde schließlich meine Illusion aufgeben und mich an das hingeben, von dem ich weiß, dass es wahr ist. Und dann, siehe, was ich verloren habe!" Wenn da Angst ist, verdeckt diese Angst nur etwas, an das wir uns klammern und das nicht unser ist. Und das wollen wir nicht sehen.

Wenn Ehrlichkeit vorhanden ist, fangen wir klar zu sehen an.

Wir beginnen zu sehen, was im Inneren ist, woran wir festhalten, was wir verdecken. Und dann erfolgt ein Öffnen, ein Sanftwerden, ein Loslassen. Und wenn das geschieht, wird die Angst durch eine Liebe zur Wahrheit ersetzt - eine Liebe für das, was aus unserem Innersten kommt. Und wenn es das ist, was wir am meisten lieben, dann ist ein freies Fallenlassen in das, was wir lieben, leicht. Davor gibt es dann keine Angst, keine Furcht, denn wir verschmelzen nur mit dem, was wir am meisten lieben.

Mit der Wirklichkeit zu verschmelzen heißt einfach das zu lieben, von dem wir ehrlich wissen, dass es wahr ist. Wir wissen sogar, dass es gut ist, dass es alles wert ist, dass es mehr wert ist, als *wir* selbst es sind. In der Wirklichkeit gibt es nichts, was jemals Angst fühlen könnte. Daher ist es nur in der wahren, vollen, vollständigen und absoluten Art der Ehrlichkeit, dass wir uns selbst wirklich sehen lassen, einfach um erkennen zu können, was wahr ist und uns dem hinzugeben. Bei so einer Ehrlichkeit gibt es niemals Angst. Wir müssen nicht mutig sein und wir müssen nicht stark sein... nur ehrlich.

Solange wir in Furcht leben, solange da Angst ist - stellt uns das total bloß. Solange Angst besteht, bedeutet es, dass das Bewusstsein nicht ehrlich ist mit dem, von dem es weiß, dass es wahr ist. Furcht ist nur Bewusstsein, das absichtlich unehrlich ist.

Unsere ganze Gesellschaft ist unehrlich und basiert auf Furcht.

Total. Wir alle wissen es. Jeder schaut auf den anderen und kann alle anderen entblößen, nur nicht sich selbst. Die Menschen erlauben sich selten, wirklich zu sehen und sich selbst in diesem Sehen erkennbar zu machen. Die Angst vor dem wirklichen Sehen - die Angst zu entblößen, woran sie innerlich hängen - hält die Menschen davon ab die Realität zu entschleiern, von der sie wirklich wissen, dass sie wahr ist. Das führt sie zu einer unnatürlichen und unberechtigten Ausübung der Macht, um ihre innere Illusion zu schützen. Und das ist *Gewalttätigkeit.* All das ist nur eine

Verzerrung des Bewusstseins, die in der Unehrlichkeit wurzelt. Die Menschen denken: „Ich kann sehen, was bei dir verkehrt ist, und ich weiß, dass es nicht richtig ist. Das, was in mir nicht richtig ist, will ich nicht verändern, denn das würde mich etwas kosten. Ich werde aber versuchen das, was bei dir verkehrt ist, zu verändern." Und damit haben sie eine unehrliche Mission, eine auf Furcht basierende Mission, die unrein, unnatürlich ist.

Jeder, der ein Anliegen hat, hat auch eine selbstgerechte Vehemenz. So eine Person befindet sich auf einem eigennützigen Pfad, der *wegführt* von dem, wovon er oder sie weiß, dass es wahr ist. Das Anliegen ist da, um dieser Person zu helfen innerlich sehr darauf konzentriert zu bleiben - derart beschäftigt, dass weder ein Sehen notwendig wird, noch eine Hingabe an das, von dem er oder sie weiß, dass es wahr ist. Statt dessen kann diese Person an etwas Eigennützigem *arbeiten*.

Jeder, der ein Anliegen hat, manifestiert Gewalt. Man braucht diesem Anliegen nur in die Quere zu kommen und was dann zurückkommt ist Aggression. Es wird sich eine Grobheit und eine Gereiztheit zeigen - sogar dann, wenn es das Anliegen ist, dass wir uns alle gegenseitig lieben sollen. Würden nun zum Beispiel Leute auftauchen, die dieser „liebevollen" Person, deren Anliegen es ist, dass wir uns alle gegenseitig lieben sollen, sagen, dass sie sich entschieden haben, nur für sich selbst zu leben, dass ihnen andere gleichgültig sind und dass sie - wenn sie es könnten, diese „liebevolle" Person *benutzen* würden, um zu bekommen, was sie wollen - dann würdest du sehen, was im Inneren dieser „liebevollen" Person geschieht. Die liebevolle Person wäre nicht mehr ganz so liebevoll. Da gäbe es ein Urteilen. Und es gäbe eine Gereiztheit und ein Verurteilen. Wenn diese liebevolle Person die Macht hätte, würde er oder sie eine Veränderung erzwingen. Diese „liebevolle Person" würde jene Leute so verändern, wie sie seiner oder ihrer Überzeugung nach sein sollten, gemäß seines oder ihres persönlichen Anliegens.

Menschen mit Anliegen kann man keine Macht anvertrauen.

Menschen mit Anliegen wollen dabei immer etwas für sich selbst. Hätten sie die Macht, würden Menschen mit Anliegen diese Macht benutzen, um eine Veränderung zu erzwingen, um alles zu verhindern, was ihr persönliches Anliegen stört. Menschen benutzen Macht, um Dinge zu erzwingen. Somit bleiben sie mit Auseinandersetzungen, Reaktionen und Erbitterung zurück. Und das ist Krieg. Selbst wenn diese Leute für den Frieden demonstrieren, ist das Krieg.

Menschen, die vom Universum bedingungslos geliebt werden wollen, sind gefährlich. Wenn sie die Macht hätten, würden sie sich diese Liebe vom Universum nehmen. Sie würden zum Universum sagen: „Ich bin bereit die bedingungslose Liebe zu empfangen" und wenn das Universum diese Liebe nicht gäbe, würden sie ihre Macht dazu benutzen es ein wenig zu ermutigen. Das heißt auf einem Pfad zu sein. Nur diejenigen, die es benötigen ein Anliegen zu haben, wären jemals auf einem Pfad. Und diejenigen, die sich auf einem Pfad befinden, sind gewalttätig, weil es da etwas gibt, nach dem sie unberechtigterweise streben, um es zu erlangen, nur *für sich selbst* - für ihre persönlichen Anliegen. Wenn sie die Macht hätten, das zu erlangen, würden sie diese Macht nutzen...

Jemand, der in einer Seinsweise lebt, die wahr ist, wird mit gar nichts ein Problem haben. Da wird es kein Problem mit dem Frieden geben. Da wird es kein Problem mit dem inneren Frieden geben. Da wird es kein Wollen geben. Da wird es keine Probleme geben, wie: „alles, was ich brauche, ist nur ein kleines bisschen Frieden" oder „ich möchte liebevoller sein" oder „ich sollte vom Universum bedingungslos geliebt werden". Solche Anliegen wird es überhaupt nicht geben.

Nur den Menschen, die im Inneren nichts wollen und brauchen, kann alles anvertraut werden, denn sie würden niemals das, was sie erhielten, für ein Wollen oder für ein Brauchen benutzen. Wenn sie Macht, Liebe, Güte, Freundlichkeit oder Erleuchtung empfangen sollten, wenn sie überhaupt irgendetwas innerlich empfangen sollten, würden sie es für sich selbst nicht einmal anrühren. Sie würden es niemals benutzen, um sich „gut zu fühlen". Sie würden es niemals benutzen, um etwas für sich selbst manifestieren zu können. Sie würden nur schlicht in dem verweilen, von dem sie wüßten, dass es wahr ist, und nichts davon wäre für sie.

Aber sie wären von etwas erfüllt, das unendlich größeren Wert hat als sie selbst. Und sie würden dieses wertvolle Etwas niemals nehmen und sich damit bekleiden. Sie wären nur Treuhänder. Sie würden alles, was sie sind, hingeben, nur um es zu verwahren, weil es in ihre *Obhut* gegeben wurde. Sie würden es niemals anrühren, niemals benutzen. Sie würden leben, um das zu lieben, was in ihrem Inneren *in Verwahrung* ist.

Ein Mensch, der im Inneren wahrhaftig nichts will und braucht, würde nie etwas benutzen, das er zur Verwahrung erhalten hat, es sei denn, dass etwas im Inneren, von dem er weiß, dass es wahr ist - ein Wissen, eine Klarheit - diesen Menschen dazu bewegt, in einer besonderen Art der Güte, Freundlichkeit, Macht oder Liebe darauf zu antworten. Alles, was dieser Menschen ist, würde dann das, was in seinem Inneren manifestiert wurde, „berühren" und umarmen und es in Wahrhaftigkeit nutzen. Und doch würde dieser Mensch bei all diesem Berühren, Umarmen und Fließen nichts für sich selbst nehmen. Das ist jemand, der die Wahrheit liebt. Nur so einem Menschen könnte man jemals trauen, nur so ein Mensch könnte wahrhaftig und bedingungslos lieben. Nur so ein Mensch könnte bedingungslos geliebt werden und diese Liebe nicht für sich selbst *nehmen*... sie nicht *wollen.*

Die einzig wahre Weise ist somit weder liebend zu sein noch Frieden zu suchen, weder Ausschau zu halten noch zu suchen. Die einzig wahre Weise ist der Ehrlichkeit zu erlauben sich zu öffnen und schließlich uns zu erlauben, das zu sehen, von dem wir wissen, dass es wahr ist. Es heißt alles aufzugeben, was *wir* sind, nur um dem winzig kleinen Bisschen, das wir als wahr und *wirklich* wertvoll erkannt haben, gefällig zu sein, ihm zu dienen und dafür zu leben. Das heißt wirklich liebevoll zu sein.

Wenn wir uns dem ergeben, dann nehmen wir niemals wieder etwas für uns selbst. Vielmehr geben wir ständig alles auf, was wir sind, und geben alles fort, nur damit dieses winzige Bisschen seinem eigenen Ausdruck Leben verleihen kann. *Es* darf *unseren* Lebensraum haben, nur um darin anwesend *zu sein* und sich auszudrücken. Selbst wenn diese Art zu leben für uns bis zu dem Tag, an dem wir sterben, fortwährendes Unglück, Leid und Schmerz bedeuten sollte, wäre es uns die höchste Ehre, dass dies alles ist, was es kostet, um dem zu dienen, von dem wir *wissen*, dass es von unendlichem Wert ist. Als Bewusstsein *dürfen* wir uns dem hingeben, was wir wahrlich lieben, was wir ehrlich wissen, egal was es kostet. Das ist die Erfüllung *wahren* Glücks.

Und was passiert, wenn wir sterben? Was passiert mit dem Bewusstsein?

Wenn unser Körper stirbt, wird das Bewusstsein zur Wirklichkeit erweckt. Du wirst zu allem erweckt, worin du dein ganzes Leben im Hinblick auf dein Wollen, Brauchen, Aneignen, und „Habenmüssen" gelebt hast. Wenn du stirbst, dann wirst du zu diesem Bewusstsein, das erkennt, dass es gelernt hat gewalttätig zu sein, aber all die *Dinge,* die du festgehalten, gewollt und gebraucht hattest, werden vergangen sein. Die Illusion wird vorbei sein. Du wirst inniglich von zartem Schmerz durchdrungen, während du vollständig jeden Augenblick realisierst, in dem du dich, im Bemühen dich zu schützen, selbst belogen hast; jeden Augenblick in dem du dich von den süßesten „Berührungen" des *Seins,* die dich zu deiner ersten Liebe zurücklocken wollten, abgewendet hast - der Liebe des Seins und der Liebe zu dem, was wahr ist.

Alles, was übrig bleiben wird, ist das, was immer in deinem Innersten vorhanden war, welches du verleugnet und weggestoßen hast, missbraucht, verdeckt und mit Füßen getreten.

Es ist das Einzige, was jemals existierte, das dich wirklich bedroht hat. Es ist das Einzige, was du fürchtetest und vor dem dir graute, weil du wusstest, dass du alles verlieren würdest, was du haben wolltest, wenn du es in dich hereinlässt. Du würdest alles aufgeben, von dem du gedacht hast, dass du es bräuchtest. Dann wärest du bedingungslos und wärmstens mit weniger und weniger und immer weniger zufrieden geworden... Diejenigen, die auf einem Pfad sind, werden bei ihrem Tode einen Schock erleben. Ihr Bewusstsein wird einen Schock erleben.

Wenn du jetzt „stirbst", wird die Wahrheit den Rest deines Lebens in *dir* leben dürfen anstelle von *dir*. Also kannst du alles jetzt „sterben lassen", alles, was du willst und brauchst und verlangst, alles womit du ein Anliegen hast. Du *darfst* jedes Problem in dir sterben lassen. Du *darfst* sie jetzt alle gehen lassen. Und das einzige Leben, das dir zu leben übrig bleibt, ist eins, das mit dem verschmilzt, von dem du ehrlich weißt, dass es wahr ist. Wenn du dann körperlich stirbst, wird es keine schmerzhafte Bewusstseinsveränderung geben, einschließlich des gesamten nachfolgenden Schocks.

Hier gibt es etwas sehr Trickreiches in Bezug auf das Wollen. Es scheint immer subtiler zu werden, wenn wir über unsere Vorbereitungen auf die richtige „Art zu sterben" sprechen. Es hat etwas Ägyptisches an sich.

Es geht nicht darum dich auf das Sterben *vorzubereiten*. Das Wollen und das Brauchen können *in diesem Moment* zu Ende sein und du kannst sie einfach jetzt sterben *lassen,* anstatt sie zu verlängern und sie vor dir her in die Zukunft zu schieben: „Morgen werde ich loslassen, aber heute werde ich etwas in mich hereinlassen, von dem ich weiß, dass es unwahr ist - morgen werde ich es sterben lassen... später... aber jetzt will ich auf meine Weise leben, für das, was ich will, auch wenn ich weiß, dass es nicht wahr ist." Bei der Vorbereitung „dem Morgen zu sterben" haben die alten Ägypter im wesentlichen das gleiche gemacht. Sie haben es für sich selbst gemacht, nicht um der Wahrheit willen, um die sie wussten.

Bei *wahrem* Sterben innerhalb des Bewusstseins gibt es kein Wollen mehr, nur totale Ehrlichkeit des Bewusstseins und totale Hingabe - das ist es! Kein Pfad, kein Versuchen, keine Anstrengung, kein Morgen. Einfach nur völlige Ehrlichkeit und Hingabe *jetzt*. Da gibt es nichts anderes. Alles andere ist gewaltsame Verleugnung.

Es bedarf fast der Gewalt auch die eigene Gewalt zu unterdrücken.

Das kommt daher, weil du ein *Anliegen* mit der Gewalttätigkeit hast. Jetzt bist du eine Gefahr für dein *wahres* Selbst, weil du aus dem „mit dir selbst hart sein" ein weiteres Anliegen machst. Die Anstrengung deine Gewalttätigkeit niederzudrücken, ist nur ein weiterer Pfad, ein weiteres „Tun" für einen eigennützigen Zweck. Jeder Pfad, jede Struktur, jede Arbeit, Technik und Disziplin, die benutzt werden, um etwas zu erreichen, das *dir* dient, sind nur ein weiteres Vermeiden der *Wirklichkeit*. Sie sind nur eigennütziges Wollen und Brauchen: innere Unehrlichkeit des Bewusstseins, welche sich in Form manifestiert. Sie ist ein äußerer Ausdruck eines inneren Mangels an Stille und Ruhe... eine Manifestation einer *unwahren Seinsweise*.

Mit der Religion ist es das gleiche. Wenn es dir darum geht religiös sein zu müssen, dann willst du und brauchst du und strebst du und strengst dich an... *für dich selbst*. Du versuchst etwas zu erreichen, von dem du, wenn du dich nur vollkommen ehrlich sein *lässt*, im Inneren eigentlich *weißt*, dass du es überhaupt nicht brauchst. Gott und die Wahrheit zu benutzen, um etwas für *dich* zu bekommen, ist nur eine weitere Art der Unehrlichkeit. Es ist nur ein Vermeiden des Ruhens in einer wahren Seinsweise, des Ruhens in *der Wahrheit*. Statt dessen ist es ein Streben nach *einer* Wahrheit oder ein Streben nach *deiner eigenen* Wahrheit.

Eine Seinsweise, die wahr ist, lässt sich einfach, unmittelbar und absolut in das hineinfallen, von dem sie gegenwärtig *weiß*, dass es wahr ist, und lebt dafür... nur weil das Wert hat und weil das wahr ist.

Und das zählt gar nichts, weil man nicht einmal darüber nachdenkt?

Nichts in *deinem* Leben zählt etwas. Von allem, was überhaupt etwas wert ist, zählt nur das, wovon die Ehrlichkeit *weiß*, dass es *wahr* ist. Und dafür lebt sie und dafür stirbt sie. Es ist alles dafür. Der Fluss strömt nur in eine Richtung: alles, was *du* für dasjenige bist, von dem du *weißt*, dass es *wahr ist*. Endlich darfst du all deine Rechte aufgeben: dein Recht auf Liebe, dein Recht auf Glück, dein Recht auf Schmerzlinderung, dein Recht auf Frieden. Endlich darfst du dein *Vorrecht* aufgeben. Und alles, was übrig bleibt und was jemals wieder ein Vorrecht hat, ist das winzigste kleine Bisschen, von dem du *weißt*, dass es wahr ist. *Ihm* wird Vorrecht gegeben. Du liebst zu wissen, dass *es* das Vorrecht hat - überall in deinem Inneren, überall in *deinem* Leben - dass *es* alles in dir berühren könnte, alles mit dir tun könnte. Und alles, was *du* je tätest, wäre wahrhaft verliebt darauf einzugehen.

Es ist nicht annähernd so schwer, wie ich dachte.

Nichts ist einfacher. Es ist einfacher als denken. Du verweilst einfach in einer Art zu sein, von der du weißt, dass sie wahr ist. Sie ist das „Zuhause". Es ist einfacher, als dich - das *Du*, mit dem du dich identifiziert hast - in deinen Willen zu begeben und nur die geringste Anstrengung in irgendeine Richtung zu machen. Es ist einfacher als das, weil dann das Bewusstsein in den Willen eindringen muss, um etwas zu tun, von dem es ehrlich weiß, dass es unnötig ist. Statt dessen kann der Wille ergeben bleiben, damit das wahre, innerste Bewusstsein in ihn eingehen und sich zum

Ausdruck bringen kann. Der Verstand, die Emotionen, der Wille, die Intuition und der Körper können alle als Ausdrucksmittel ergeben bleiben, damit das *wahre,* innerste Bewusstsein hindurchfließen kann. Dann darf das wahre, innerste Bewusstsein schließlich dasjenige zum Ausdruck bringen, von dem es weiß, dass es wahr ist das auszudrücken.

Das ist *wahrer* Ausdruck: ein Fließen desjenigen, für das du lebst und stirbst, um dich dem hinzugeben, ein Fließen desjenigen, von dem du *weißt, dass es wahr ist.* Es ist die Wahrheit oder das innerste Bewusstsein, das sich durch dein *wirkliches* Du bewegt, hindurch bis zum äußersten Bewusstsein - in den Willen hinein, in die Emotionen, den Verstand, den Körper und die Intuition - und alles zum Ausdruck bringt, was so wahr ist und dies auf eine *Weise* ausdrückt, die wahr ist.

Dafür ist dieses Leben da. Dafür sind die Oberflächenkörper da. Die Oberflächenkörper beginnen zu sterben, wenn sie benutzt werden, um das auszudrücken, was *du* willst und was *du* brauchst. Nur in der *Wirklichkeit* dürfen die Oberflächenkörper wirklich, wirklich als Vehikel *leben,* um der Wahrheit Ausdruck zu verleihen. Wenn du innerlich still und sanft geworden bist, dann *weißt* du das tatsächlich.

II

Boulder, USA - 3. Dezember 1998

SPIRITUALITÄT

„Spirituelle Arbeit" zu tun,
ist ein grundsätzliches
Nichtakzeptieren der Dinge,
so wie sie gegenwärtig sind.

Nichts in dir muss sich ändern.
Es gibt nichts zu tun,
es gibt nichts, das du tatsächlich brauchst.

Alles, von dem du annimmst,
dass du es willst oder benötigst,
brauchst du nicht.

Spiritualität mit
irgendetwas zu vermischen,
heißt innere Anstrengung
mit allem zu vermischen.

Das macht alles schlimmer.
Es lenkt dich
von der Ehrlichkeit, von der Hingabe ab.

Spirituelle Arbeit ist eine Ablenkung
in eine Art
persönlicher und
innerer Leistung.

In dem Augenblick,
in dem du innerlich ehrlich wirst,
wirst du das genau durchschauen.

Dieses Kapitel beinhaltet Dialoge zwischen John und seinen Zuhörern in Boulder, USA - 3. Dezember 1998.

Frage: Was ist Intuition und woher kommt sie?

John: Die Intuition ist eine Hilfsquelle, ein Ausdrucksmittel im Äußersten des Bewusstseins. Deine Intuition ist nicht dein innerstes Sein. Sie ist nur ein Instrument oder ein Oberflächenvehikel. Du kannst ein Ausdrucksmittel nicht dazu benutzen, um das, woher der Ausdruck ursprünglich kommt, zu erlangen. Du kannst dein Innerstes nicht erreichen, indem du dich an etwas festhältst oder etwas benutzt, das zum Äußersten gehört. Aber das Innerste kann frei durch alles, was zum Äußersten gehört, hindurchfließen, wenn du es *zulässt.*

Sie ist eine Hilfsquelle... Woher kommt sie?

Die Intuition kommt aus demselben Bereich, aus dem auch dein Verstand, deine Emotionen, dein Wille und dein physischer Körper herkommen. Sie alle sind Ausdrucksmittel der Oberfläche, Wege der Gestaltwerdung, damit das Innerste Raum hat sich zu offenbaren - damit das Innerste *sich selbst* und *dir als Sein* Ausdruck verleihen und sich manifestieren kann. Das Innerste kann in die Oberflächenvehikel des Ausdrucks aufsteigen, in deinen Verstand, deine Gefühle, deinen Körper, deine Intuition und deinen Willen. Es wird durch diese Ausdrucksmittel alles mitteilen, was von *ganz innen* herrührt. Als ein wahres menschliches Wesen zu existieren und das auszudrücken, was *wirklich* im Innersten, in deinem Innersten vorhanden ist, heißt eine Seinsweise auszudrücken, die vollkommen wahr und bereits vollständig ist.

Deine Oberflächenvehikel sind erstaunliche Mittel wahren Ausdrucks. Wenn das Innerste etwas hat, in das es hineinpasst, eine Form, dann kann es in diese Welt gehen, sich in dieser Welt bewegen und *tun*. Deine Oberflächenkörper und dein Leben sind für deine innerste Essenz bestimmt... aber du bist daran gewöhnt sie für dich selbst zu benutzen.

Deine Intuition ist deine Fähigkeit, Dinge auf eine nicht mentale und auch auf eine nicht emotionale Weise aufzunehmen: deine Fähigkeit, etwas direkt energetisch zu verstehen. Ehrlichkeit kann sich in die Intuition begeben und etwas energetisch aufnehmen und eine Unehrlichkeit des Bewusstseins kann sich auch in die Intuition begeben und etwas energetisch aufnehmen. Was immer deine *Art zu sein* gerade ist, das befindet sich im Inneren der Intuition. Demnach ist die Intuition nicht vertrauenswürdig - genauso wenig wie der Verstand, die Gefühle oder der Wille. Das einzig tatsächlich Vertrauenswürdige ist eine wirkliche Ehrlichkeit des Bewusstseins, sonst nichts.

Wenn das Ego oder eine auf sich selbstbezogene Art zu sein sich im Inneren der Intuition befindet, dann wird es sich wirklich auf die Intuition verlassen müssen. Das Ego kann energetisch manövrieren und für sich Vorteilhaftes ermitteln. Es kann auch energetisch eine Bedrohung erkennen - jeglichen Nachteil für sich selbst. Sobald das Ego einen Nachteil wahrnimmt, stärkt es sich sofort, schützt sich und geht in eine Verteidigungshaltung über. Und wenn das Ego mittels der Intuition wahrnimmt, dass da draußen Schwäche ist, dass seine eigene Energie stärker ist als die Schwäche, der es in einer Situation oder in einer Person begegnet, dann gibt das Ego seine Verteidigungsposition auf und geht zur Offensive über. Es setzt sich in Bewegung, um etwas *zu bekommen*. Und jetzt hat es keine Angst mehr.

Ohne die Intuition würde das Ego nicht wirklich wissen, wie es sich bewegen soll. Ohne die Mittel des Verstandes, der Gefühle und des Willens wäre das Ego nicht fähig sich zu bewegen. *Du* jedoch, ohne Ego, weißt wie du dich ohne irgendeines deiner Oberflächenvehikel bewegen kannst. Solch eine Bewegung ist Ehrlichkeit: das Bewusstsein erlaubt sich selbst etwas so zu sehen und zu erkennen, wie es *wirklich ist.* Nur die Unehrlichkeit des Bewusstseins erlaubt sich etwas so zu sehen, wie sie es vorzieht, wie sie es sich wünscht, wie sie es haben will. Dann ist das Sehen bedingt: es ist voreingenommen und berechnend.

Wenn Unehrlichkeit im Bewusstsein vorhanden ist, dann wandelt sich die Fähigkeit des Bewusstseins Realität zu sehen in einen Zustand der Halbverschlossenheit und Verzerrung. Durch Konzentration und Disziplin kann sie geöffnet werden. Aber das wird die Fähigkeit zu sehen und das Bewusstsein selbst noch mehr verzerren. Was diese Fähigkeit wirklich öffnet und heilt ist Ehrlichkeit: das Bewusstsein, das sich erlaubt zu sehen was *wirklich ist,* ohne Bedingungen, ohne Absichten, ohne Glaubenssätze, ohne Wollen und Brauchen.

Ich habe eine Stille erfahren und dann ein Zurückfallen ins Ego und es scheint als ob sich ein Kampf abspielt. Es verwirrt mich, wie ich mich immer wieder in der Wut oder im Gefühl ungeliebt zu sein verlieren kann, wohlwissend, was ich wirklich im Inneren weiß.

Sich in diesen Emotionen zu verlieren geschieht dann, wenn nicht genau so viel *Hingabe* in dir erfolgt, wie *Wissen* vorhanden ist. Was wirkt, ist vollkommene Ehrlichkeit. Das erlaubt dir zu erkennen, was wahr ist. Was dem gleichermaßen entsprechen muss, ist eine vollkommene Hingabe, eine Art der Hingabe, die kein Zögern kennt: eine unmittelbare, ganze, vollständige und innige Antwort auf das, von dem du tatsächlich und wirklich *weißt*, dass es wahr ist. Das erlaubt dir als Bewusstsein mit der Wahrheit zu verschmelzen, anstatt dich von ihr getrennt zu halten. Und du hältst dich nur deshalb getrennt, weil du weißt, dass du, wenn du mit der Wahrheit eins wirst, alles verlierst, an dem du festhältst, alles was du erreicht hast. Du verlierst alles, mit dem du dich unberechtigter Weise durch „Festhalten" vereint hast.

Das ist genau so rigoros, wie am Ufer des Ganges zu sitzen... zehn Jahre lang. Immer noch fühlt es sich wie ein Denkvorgang des Forderns, des Lenkens und der Disziplin an.

Deswegen funktioniert es nicht. Du kannst weder deinen Verstand, noch deine Emotionen, noch deine Intuition oder deinen Willen *verwenden,* um dich als Sein zu bewegen. Wenn du irgendein Hilfsmittel benutzt, so ist es das Hilfsmittel, was sich dann bewegen wird. Wenn das Bewusstsein sich einer Krücke oder irgendeines Werkzeuges bedient, dann wird das Bewusstsein ein Werkzeug sein anstelle seines wahren Selbst. Das Bewusstsein hört dann auf, sich auf reine, ehrliche und unabhängige Weise in das zu bewegen, von dem es wirklich weiß, dass es wahr ist. Es verliert die Freiheit des Seins.

Wenn das Bewusstsein das, woran es festhält, loslässt, den Versuch aufgibt ein Werkzeug zu benutzen, um sich als ein Seinswesen zu bewegen, dann *geschieht* eine Bewegung des wahren Bewusstseins. Diese Bewegung ist ein natürlicher und reiner Fluss des Bewusstseins, das den Willen dafür nicht benutzt. Da gibt es keine Anstrengung, nur eine Klarheit und eine Ausgeglichenheit des Seins.

Wenn es keine Ehrlichkeit und keine Hingabe gibt an das, was das Bewusstsein als wahr erkannt hat und du bewegst dich als Bewusstsein innerhalb deiner mentalen, willentlichen, intuitiven und emotionalen Vehikel, dann tust du das, weil du Kontrolle begehrst und weil du etwas haben möchtest, was das *wirkliche Du* nicht braucht. Es ist ein Bewusstsein, welches sich der Restriktion bedient, um Bewegung für eine selbst geschaffene Absicht zu erzeugen. Der einzige Grund, weshalb das Bewusstsein - um so eine Bewegung zu schaffen - sich der Restriktion durch seine Oberflächenvehikel bedienen würde, ist, um etwas zu beschränken, einzusperren, zu begrenzen und zu kontrollieren. Aber das Bewusstsein wird schließlich selbst eingesperrt. Wenn das Bewusstsein etwas begrenzen will, dann wird es durch die

Begrenzung gefangen. Je mehr das Bewusstsein durch den Versuch „die Restriktion aufzuheben", sich dieser Art der Restriktion bedient, um zur wahren, uneingeschränkten Art des reinen Seins „nach Hause" zu gehen, desto tiefer sinkt es in diese Begrenzung.

In dem Moment, in dem das Bewusstsein bedingungslos einverstanden ist auf jede mögliche, gegenwärtig existierende Weise begrenzt zu werden und sogar vollkommen okay damit ist, eingeschränkt, eingesperrt oder gefangen zu sein, ohne dass sich dieser Zustand jemals ändern müsste, dann *befindet sich* das Bewusstsein einfach in einem Zustand der Nichtbegrenzung. Die Beschränkung engt nicht länger ein, weil sich das Bewusstsein dann *innerhalb* der Beschränkung in einer *Weise* befindet, die wirklich und warmherzig damit okay ist. Innerhalb so einer Tiefe des „Okayseins" *gibt es keine Einschränkung.*

Somit ist nun an die Stelle der Restriktion innerhalb des Bewusstseins ein vollkommenes „Okaysein" getreten. Was übrig bleibt ist nur noch die *Wahrnehmung* einer Restriktion in den Oberflächenvehikeln, welche das Bewusstsein umgeben. Und das Bewusstsein ist tatsächlich „nach Hause" gegangen - zu einer wahren Seinsweise - einfach indem es mit jeglicher vorhandener Einschränkung bedingungslos okay ist, *so wie es ist.*

Es ist schwierig, die mentalen Gewohnheiten aufzugeben und zu verstehen, was es heißt „das Bewusstsein sich entfalten zu lassen, ohne Einschränkung".

Es ist nicht schwierig, es sei denn, es ist etwas, das du ehrlich nicht tun möchtest. Dann ist es schwierig. Du kannst nicht etwas tun, was du nicht tun *willst.* Wenn du an etwas festhältst und du willst es nicht wirklich loslassen, dann *ist der Versuch* es loszulassen ein *noch stärkeres Festklammern.* Wenn alles, was du bist, einfach nur damit okay ist etwas loszulassen, dann kommt es in genau diesem Moment zu einem Öffnen, zu einem Sanftwerden und zu einem Loslassen, ohne es überhaupt zu versuchen. Zum Loslassen ist keine Anstrengung, keine Energie nötig. Du bist nur, was du wirklich bist. Du bist in deinem natürlichen Zustand, welcher dich vom *Halten* zum *Sein* führt. Und sollte es schwierig sein von hier nach dort zu gelangen, dann nur deshalb, weil du *hier* sein willst. Du willst nicht wirklich dort in jener wahren Seinsweise sein. Du willst nicht loslassen. Wenn du *versuchst* loszulassen und es schwierig ist, dann ist das, was konfrontiert wird, dein eigener Mangel an Ehrlichkeit. Das ist, was in Frage steht.

Was sich manifestiert ist Bewusstsein in einem Zustand inneren Konflikts. Ein Teil des Bewusstseins hungert danach loszulassen, sehnt sich danach loszulassen, nur deshalb, weil das wahr ist. Und ein anderer Teil des Bewusstseins hält fest, nur weil es das will. Immer noch nimmt es seine eigenen Gedanken und Gefühle wahr und vertraut ihnen, vertraut darauf, dass es da einen Vorteil gibt, an einer bestimmten Emotion, einem Ideal oder einem Gedanken festzuhalten. Es will nicht loslassen, weil Hoffnung in das investiert worden ist, woran es festhält: die Hoffnung, dass es eines Tages irgendwann einmal das bekommen wird, nach dem es sucht, das bekommen wird, was es durch dieses Festhalten erwartet.

In dem Moment, in dem der Anteil des Bewusstseins, der festhält, ehrlich wird, fängt er an zu erkennen, dass er das, was er tut, auf eine *Seinsweise* tut, die unwahr ist. Mit sich selbst steht das Bewusstsein dann nicht im Einklang, solange es in einem Zustand des Festhaltens verharrt. Und in dem Moment, in dem es loszulassen beginnt, in dem Moment, in dem es damit okay ist, nicht länger festhalten zu müssen, nicht länger auf etwas, das nur eine Wahrnehmung ist, vertrauen zu müssen - in dem Moment, indem es anfängt dem zu trauen, von dem es *weiß, dass es wahr ist*, in einer Seinsweise, die offen und sanft ist - endet dann der interne Konflikt. Nun ist das gesamte Bewusstsein so geworden. Wenn das Bewusstsein derartig vollkommen ehrlich ist und dann versucht, etwas festzuhalten, so kann es das nicht - dazu ist es nicht in der Lage. Ein Bewusstsein im Zustand vollkommener Ehrlichkeit hat nicht die Fähigkeit festzuhalten.

Die einzige Weise, auf die ein „Festhalten" vorkommen kann, ist, wenn das Bewusstsein auf eine winzige Weise unehrlich wird. Dann folgt augenblicklich ein „Festhalten" und „Loslassen" ist eine Unmöglichkeit. Unehrliches Bewusstsein kann nicht loslassen. Wenn es dir schwerfällt dich hinzugeben, dann nur deshalb, weil ein Teil deiner selbst es nicht will. Sobald dieser Teil ehrlich wird, wird er es lieben loszulassen, instinktiv, seiner Natur entsprechend, ohne jegliche Anstrengung.

Vor tausenden von Jahren haben sich Menschen einfach in Höhlen zurückgezogen, aber ich habe erkannt, dass die Wahrheit für mich nicht so ist, wie ein „Erleuchtungs-Bewusstsein" von vor tausenden von Jahren. Die Kombination aus Spiritualität und Menschlichkeit ist das, was für mich wahr ist. Ich meine eine Art der Spiritualität, die dadurch ensteht, dass ich „Zeit für mich allein" habe, sodass ich mich wirklich selbst finden und in der Wahrheit sein kann. Mein Problem ist es, dies mit dem „menschlichen Leben", wie dem Erziehen von Teenagern, zu vereinen.

Wenn Bewusstsein ehrlich ist - was bedeutet, dass es sich vollkommen einer Art der Offenheit, Weichheit und inneren Blöße hingegeben hat und es nur dafür lebt, dem zu dienen, was es als wahr *erkannt hat,* anstatt für das, von dem es aus irgendeinem Grund *gerne hätte, dass es wahr sein möge* - dann ist es egal, was es in diesem Leben macht. Es spielt keine Rolle, welche Wahl es trifft oder welchen Weg es geht - nichts kann ihm jemals misslingen. Du brauchst weder einen vorgeschriebenen Weg für die Wahl, noch einen vorgeschriebenen Weg für das Tun. Du bedarfst keinerlei Struktur, keiner Regel und keiner Anleitung. In der *Wirklichkeit* kannst du einfach nicht fehlgehen.

Solange Unehrlichkeit im Bewusstsein vorhanden ist, glaubt

man eine Struktur zu benötigen: eine Regelung Dinge auf eine Art zu tun, die sich als richtig oder falsch herausstellt, Dinge auf eine Art zu tun, die besser ist. Dann wird das Bewusstsein eigensinnig. Du wirst selbstgerecht, du wirst beurteilend, du wirst zu einem wirklichen „Jemand", der *etwas* hat. Und immer wird es da jemanden geben, der über dir steht und immer wird es jemanden geben, der unter dir steht. Es wird keine Rolle spielen, was du anfasst, was du tust: nichts im Leben inklusive Spiritualität wird überhaupt jemals *richtig* funktionieren. Wo Unehrlichkeit vorhanden ist, wird sie alles, was du anrührst, vergiften, alles, was du versuchst, verderben. Sie wird alles ruinieren - und das ist gut, weil du als Bewusstsein mit nichts davonkommst. Wenn dir innerlich nichts gelingt, ist das wunderbar...

Du hast erwähnt, wie weit das Ego geht, um Kontrolle auszuüben. Wenn man sich im Bereich einer Person befindet, die das tut und man fühlt sich deswegen ungeliebt und der Ärger steigt in einem auf... ist das gut?

Der Ärger ist ein massiver Disqualifizierer. Sobald Ärger vorhanden ist, wird deine Art zu sein vollkommen disqualifiziert. Was immer du zu tun glaubst - in der *Annahme*, dass es spirituell ist oder richtig oder sauber oder das Beste - hat keinen Wert, wenn Ärger daraus entstehen darf. Dann ist alles umsonst, alles vergebens - da gibt es nichts, was gut zu machen ist. Alles, von dem du *glaubst,* dass es richtig oder rein ist, von dem du in innerster Offenheit und Weichheit tatsächlich nicht *weißt,* ob es richtig oder rein ist, ist nur wert völlig ersetzt zu werden...

Das ist ein großes Warnzeichen, wenn es hochkommt.

Was die Unehrlichkeit tun wird, wenn dieses Zeichen hochkommt, ist, sich gegen sich selbst zu wenden und mit dem Ärger zu arbeiten. Solch ein Bemühen ist ebenfalls völlig unbrauchbar. Es bewirkt nichts. Wenn es etwas zu bewirken *scheint,* wirst du selbstgerecht: du bist jemand geworden, der weiß, wie man mit Ärger arbeitet, du hast dich mit deinem eigenen Ärger auseinandergesetzt, du bist jetzt wirklich ein „Jemand". Nun wirst du jeden anderen, der auch Ärger hat, verändern wollen. Du wirst es ihnen zeigen wollen. Du wirst sie verändern wollen und wenn sie deinem Weg nicht zustimmen, wirst du frustriert werden. Du wirst wiederum ärgerlich werden.

Im Inneren mit etwas zu *arbeiten* bewirkt nichts, wenn keine absolute Ehrlichkeit und Hingabe vorhanden sind. Es wird nur schlimmer. „Spirituelle Arbeit" ist eine Lüge. Wenn du die Maske „spirituelle Arbeit zu tun" abnimmst, findest du dahinter: „Was bekomme ich dadurch? Ich will hier etwas und ich will es auf meine Art." Die Ausübung „spiritueller Arbeit" basiert auf einem grundsätzlichen inneren Nichtakzeptieren der Dinge, wie sie gegenwärtig sind. Die Ausübung „spiritueller Arbeit" basiert auf „nicht Okaysein". Sie basiert auf der Illusion, dass du es *nötig* hast dich zu ändern und sie basiert auf der Illusion, dass du *fähig* bist dich grundsätzlich zu ändern, was aber nicht der Fall ist. Hast du dich jemals in deinem ganzen Leben irgendwann einmal *wirklich* innerlich geändert? Du kannst Anpassungen im Verhalten vornehmen, aber die haben nichts damit zu tun, was du als Seinswesen bist.

Wir verkleiden es... so wie den Ärger... es wird subtiler.

Die Muster deines Verhaltens kannst *du* nicht ändern. Du kannst aber deiner *Art* zu sein *erlauben* sich zu ändern, indem du unmittelbar und ohne Anstrengung diese Unehrlichkeit sanft und offen werden lässt, indem du dem Bewusstsein *erlaubst* ehrlich zu sein. Das ist tiefgehende und wirkliche Veränderung. Das ist die einzig wahre Veränderung, der du fähig bist, keine andere.

An sich selbst zu arbeiten heißt eine Art des „Festhalten" zu gebrauchen, die Energie des „Festhaltens" zu gebrauchen, um etwas in deinem Inneren zu tun. Was du tatsächlich erreichst, ist ein tieferes, noch bedeutungsvolleres „Festhalten". *Es gibt nichts in deinem Inneren, was sich ändern muss.* Da gibt es nichts zu tun, nichts, das du ändern kannst, nichts, das du innerlich tatsächlich brauchst. Alles, von dem du annimmst, dass du es willst oder brauchst, brauchst du nicht. Und im Moment, in dem du innerlich ehrlich wirst, weißt du, dass das wahr ist. „Spirituelle Arbeit" mit irgendetwas zu vermischen heißt innere Anstrengung mit allem zu vermischen. Das macht alles schlimmer.

Es hört sich so gut an... zu versuchen, Spiritualität oder Geist in die menschlichen Umstände zu bringen.

Warum würdest du jemals Spiritualität in die menschlichen Umstände hineinbringen wollen? Was würdest du damit beabsichtigen? Warum würdest du das tun wollen?

Zur Erbauung...

Warum würdest du jemals irgendetwas erbaulich machen und verbessern wollen? Warum würdest du jemandem auf irgendeine Art helfen wollen, von der du denkst und fühlst, dass ihm geholfen werden sollte? Warum würdest du dir jemals selbst helfen wollen und dabei deinen Wahrnehmungen vertrauen, die doch nur auf deinen eigenen persönlichen Gefühlen, Gedanken und Absichten basieren? Wie können sie dir zeigen, was getan werden muss? Warum würdest du jemals Verbesserungen vornehmen wollen, vor allem solche von „bedeutungsvoller Art"? Nur um etwas zu bekommen, das du nicht brauchst. Das wird nur getan, um mehr von dem zu bekommen, was du in Wirklichkeit im Innersten des Bewusstseins überhaupt nicht brauchst. Deshalb funktiniert es niemals, deshalb ist es niemals ehrlich „spirituelle Arbeit" irgendeiner Art zu tun.

In der Abwesenheit vollkommener Ehrlichkeit und Hingabe

kann jegliche „spirituelle Arbeit" nichts anderes als eine Lüge sein. Sie ist eine grundsätzliche Ablenkung von Ehrlichkeit und Hingabe - eine Ablenkung in eine Form von persönlicher oder innerer Leistung. Sie ist das Bedürfnis, ein „Jemand" zu sein, der *etwas* hat. Es gibt keinen guten Grund für „spirituelle Arbeit", keinen einzigen. Wir erfinden die Gründe für sie. Aber mit nur einem kleinen bisschen Ehrlichkeit können wir sie geradewegs durchschauen.

Das einzige Recht, das du hast, ist mit allem vollkommen ehrlich zu sein, *so wie es ist.* Das funktioniert. Jeder, der eine Absicht hat zu lieben, zu helfen und zu dienen, ist giftig. Da besteht bereits ein Zustand der Selbsttäuschung, nämlich tatsächlich zu glauben, dass es innerlich etwas gibt, das getan werden muß. Diese Person glaubt bereits, dass er oder sie fähig ist das zu tun.

Ein kleines Baby ist schon *darin*: da ist ein Fließen der Liebe und doch besteht keine Absicht zu lieben. Sobald aus irgendeinem Grund eine Absicht besteht zu lieben, ist das, was im Inneren ist, nicht mehr sauber. Der einzige Grund, weshalb du jemals eine Absicht hättest zu lieben, wäre, um etwas daraus zu bekommen. Es gibt nirgends in dieser Welt ein Anliegen, das zu irgendeiner Zeit in der Geschichte jemals existierte, für welches es sich je gelohnt hätte zu leben... So etwas, wie ein lohnendes Anliegen jeglicher Art oder aus jeglichem Grund, gibt es nicht. Um für ein Anliegen zu leben braucht man ein persönliches Ziel. Um für ein Anliegen zu leben braucht man die Unterstützung von persönlich gemachten Gründen, die nichts mit Ehrlichkeit oder Wahrheit zu tun haben. Solche Gründe drehen sich nur darum etwas *zu erhalten* oder etwas zu *tun*, das in Wirklichkeit nicht getan werden muss.

Lebst du für irgendein Anliegen, dann bist du schon dadurch *gewaltsam* geworden. Deine Art zu sein hat sich zu einer *unnatürlichen Stärke* und Vehemenz gewandelt, die aus einer emotionalen und mentalen Unruhe herrührt, anstatt aus dem *natürlichen Zustand der Ruhe,* einer wahren Seinsweise. Wenn du ein Anliegen hast und wenn etwas dieses Anliegen frustriert, so wirst du ein Zusammenziehen spüren. Diese Verkrampfung ist der Geburtsort des Ärgers. Noch hat sich der Ärger nicht gezeigt. Erst wenn derjenige oder der Umstand, welcher das Anliegen, an dem du festhältst, frustriert, lange genug anwesend ist, sodass die Verkrampfung noch schlimmer wird, dann kannst du es schließlich nicht mehr aushalten. Du wirst die Verkrampfung in einer Reaktion manifestieren, weil *du das, was du willst, nicht haben kannst.* Du kannst deinen Willen nicht durchsetzen. Und das ist Gewalttätigkeit: für irgendein Anliegen jeglicher Art zu leben.

Was du jedoch ehrlich als wahr erkannt hast, ist eine Seinsweise, für die es wert ist zu leben. Diese *„Weise"* ist es wert, dass du ihr deine ganze selbst erschaffene Existenz übergibst: deine Vergangenheit, deine Gegenwart, deine Zukunft, deine Oberflächenvehikel, deine Absichten, deine Anliegen, dein ganzes Leben - alles. Du kannst in totaler Hingabe richtig leben, indem du alles, was du bist, verwendest in Hingabe an das winzig kleine Bisschen, von dem du aus innerster Ehrlichkeit *weißt,* dass es wahr ist. Dein ganzes Leben kannst du diesem kleinen Bisschen übergeben.

Aber irgendeinen Teil von dir, überhaupt irgendeine Energie etwas anderem zu geben als demjenigen, von dem du ehrlich weißt, dass es wahr ist, heißt an einem Ort zu sein, wo du nicht hingehörst. Du lebst *entfernt* von einer Seinsweise, die wahr ist. Du tust etwas, das unwahr ist, und lässt etwas wichtig sein, das nicht wichtig ist. Und jene Dinge von dem winzigsten Bisschen, die du tatsächlich als wahr *erkannt* hast, die wirklich wichtig sind, die hast du unwichtig werden lassen, indem du sie zugedeckt und etwas anderes erschaffen hast. Was du wirklich damit sagst, ist: „Dies ist wichtig, dies bedeutet mir wirklich etwas, dies bedeutet mir soviel, dass ich tatsächlich *dafür leben will.*" Spiritualität und jegliches Anliegen, das man sich zu Herzen genommen hat, sind tödlich. Sie vergiften eine wahre Seinsweise und sie verzerren alles, was sie berühren.

Ein Bewusstsein, das sich erlaubt offen zu werden und durch und durch ehrlich zu sein, das der Integrität dessen, was es als tatsächlich wahr erkannt hat, erlaubt von *höchstem* Wert zu sein - das ist ein Bewusstsein, welches lebt und im Fluss ist. Solch ein Bewusstsein könnte alles in diesem Leben tun und es würde nie fehlgehen, es *könnte* nicht fehlgehen. Aber „spirituell" zu sein - das ist nur eine raffinierte Art des Stehlens. Der einzige Grund, warum man je „spirituell" sein würde, ist, um etwas zu bekommen. Es hat nichts mit einer Hingabe an das, von dem man ehrlich weiß, dass es wahr ist, zu tun, weil dann alles, was im Bewusstsein verbleibt, Ehrlichkeit und Hingabe wären.

Wenn nur Ehrlichkeit und Hingabe verblieben, dann würde ein Fluss vom Innersten her entstehen, der sich durch das ganze Bewusstsein hindurchbewegt, durch alle Oberflächenvehikel, der alles in dieser Welt, alles in diesem Leben durchfließt und durchspült. All das, was von diesem Fluss berührt wird, würde heilen und zum Leben erwachen. Dabei gäbe es kein Anliegen. Und nichts davon würde aus einem *Grund* geschehen. Es wäre nur schlicht ein Fließen der Wahrheit, direkt vom Innersten her. Da gäbe es kein Bemühen.

Das Bewusstsein würde natürlich fließen, so wie bei einem Baby, so wie bei einer Blume. Eine Blume muss sich nicht anstrengen, um das zu sein, was sie ist, wenn sie dich auf eine Weise berührt, die dich rührt. Ein kleines Baby in deinem Arm, das in dein Inneres schaut und dich *erkennt*, macht keine Anstrengung. Da gibt es kein Bemühen irgendetwas *zu tun*. Aber da ist so ein überwältigendes Fließen… im Gegensatz zu „spirituellen Menschen".

„Spirituelle Menschen" sind unheilbar urteilend, unheilbar selbstgerecht, unheilbare „Jemande", die *etwas* haben - sie sind unheilbar wichtig. Und doch gibt es nur ein Mittel im ganzen Universum, nur ein Mittel im ganzen Bewusstsein, dem es möglich ist, etwas zu heilen, das entstellt ist: die Ehrlichkeit. Die

Ehrlichkeit dringt durch Verzerrungen hindurch und zeigt auf, was *wirklich ist*. Die Ehrlichkeit ist das Einzige, was in die Verzerrung eindringen und sie aufbrechen kann. Absolut alles andere macht es nur schlimmer.

Wenn nur irgendeine Identität vorhanden ist spirituell zu sein, irgendeine Identität ein liebender Mensch zu sein, hilfreich, zartfühlend, sanft, rücksichtsvoll, aufmerksam, tolerant oder weich zu sein - überhaupt irgendeine Identität - dann ist diese Weichheit, Sanftheit, Offenheit, Spiritualität, Liebe oder Zartheit nur eine Maske, die eine Gegenwärtigkeit verhüllt, die nur daran interessiert ist, etwas zu erreichen oder zu bekommen.

Wenn etwas *wirklich* ist, wenn etwas tatsächlich aus dem Innersten kommt und ihm gestattet ist, bis zur Oberfläche zu gelangen und so zu sein, *wie es ist*, dann wird die Liebe da sein. Es wird Zartheit da sein und es wird Sanftmut da sein. Es werden so viele verschiedene „Ausdrucksformen des Seins" da sein, die alle im Fluss sind. Und auf welche Weisen auch immer sich dieser Fluss manifestieren könnte, in diesem Leben ist und sich ausdrückt, es gäbe in ihnen überhaupt keine Identität. Der Fluss wäre einfach was er ist. Aber man wäre sich bewusst, welche Art des Fließens stattfindet. Man wäre sich bewusst, ob da zum Beispiel Liebe ist, aber ohne die Identität ein „liebender Mensch" zu sein. Man wäre sich eines Flusses der Hilfsbereitschaft, der Zartheit oder der Aufmerksamkeit bewusst, aber es gäbe keine Identität hilfreich, aufmerksam oder zart zu sein. So ein wahres Fließen könnte niemals von einem „Jemand" kommen, denn nur ein „Niemand" würde *zulassen,* dass sich ein solches Fließen manifestiert.

„Du bist nett" oder „du bist lieb..." und wir haben es geglaubt. Hat es so angefangen?

So hat es angefangen. Wir glaubten es, aber nicht, weil es jemand sagte. Wir glaubten es, weil das, was jemand sagte, gut zu dem passte, wonach wir bereits suchten. Als Bewusstsein haben wir diese Person benutzt, haben die Worte dieser Person benutzt.

Einstmals gab es eine Unschuld des reinen Seins, aber wegen des Schmerzes, wegen irgendeines Leidens in einem deiner Oberflächenvehikel, hast du als Bewusstsein begonnen dich zu fragen, ob du irgendetwas tun könntest: ob du irgendetwas *außerhalb* deiner selbst tun könntest, *innerhalb* eines deiner Oberflächenvehikel... in deinem Verstand, in deinen Emotionen - irgendetwas, um dich vor dem Schmerz zu schützen.

Als du ehrlich warst, als du es im Inneren, am Ort des Wissens geprüft hast, war es wunderbar und völlig klar, dass es da nichts gab, was getan werden musste. Während der Schmerz vorhanden war, wusste alles im Inneren des Bewusstseins, dass es so okay war. Es gab nichts, das sich zu ändern brauchte.

Aber das Bewusstsein hat sich das angesehen und entschieden: „Das ist *nicht* gut genug, es ist *nicht* gut genug, dass alles so okay ist, nicht gut genug, dass der Schmerz wirklich, wirklich okay ist, denn das *beendet* den Schmerz nicht. Ich werde mich hinausbewegen - ich glaube, dass es etwas gibt, das ich tun kann, um diesen Schmerz zu beenden". Aber im Inneren wusste das Bewusstsein, dass nichts getan werden musste. Es traf die Entscheidung etwas zu glauben, von dem es wirklich wusste, dass es nicht wahr war. So dehnte es sich als Bewusstsein in die Oberflächenvehikel aus, auf der Suche nach einem Weg, um Kontrolle über den Schmerz zu gewinnen, um sich vor etwas zu schützen, vor dem es nicht geschützt werden musste, um etwas im Inneren des Bewusstseins zu helfen, das eigentlich schon auf wunderbare Weise vollkommen war.

Wenn solch ein nach außen greifendes Bewusstsein einen Elternteil sagen hört: „du bist etwas Besonderes" - und dieses Bewusstsein hört das innerhalb seines emotionalen Körpers, sodass jeglicher Schmerz in diesem Moment durch ein gutes Gefühl ersetzt wird - dann *fühlt sich* dieses Bewusstsein *innerhalb des Emotionalkörpers* besser. Innerlich ist ihm nicht *wirklich* besser, aber es hat ein *Gefühl* der Besserung. Dieses Bewusstsein sagt: „Damit kann ich arbeiten - vielleicht kann ich mehr bekommen" und es beginnt für eine emotionale Bindung an das Glücklichsein zu leben und für das Verlangen nach Schmerzlinderung.

Ein Bewusstsein, das sich auf diese Weise aus sich selbst herausbewegt hat, wird immer tiefer und tiefer im emotionalen, im mentalen und im intuitiven Körper verwurzelt: in ihnen gefangen, in ihnen eingeschlossen, innerhalb einer selbst geschaffenen Welt festgehalten, weit entfernt von dem, was es *wirklich* ist. Das Bewusstsein macht das solange mit, bis es realisiert: „Ich bin verloren. Wo bin ich? Ich weiß nicht wer ich bin. Ich weiß nicht was wahr ist. Was geht vor sich? Nichts funktioniert. Überhaupt nichts funktioniert..."

Nun befindet sich das Bewusstsein auf einem *Pfad*, um seinen Weg zu einer Art zurückzufinden, die vollkommen und perfekt ist. Und das Bewusstsein bezeichnet dies, mittels des Verstandes, als Erleuchtung und Erwachen. Und solange es ein Bedürfnis nach Erwachen, ein Bedürfnis nach Erleuchtung, ein Bedürfnis nach Schmerzlinderung oder nach überhaupt irgendetwas hat, dauert die *Suche nach der Wahrheit* an. Aber es ist gar nicht wirklich die Wahrheit, wonach dieses Bewusstsein sucht. Es sucht danach sich gut zu fühlen, es sucht nach Bequemlichkeit und Schmerzlinderung. Das Bewusstsein nennt das „nach der Wahrheit suchen", nennt es eine „Suche", aber es belügt sich selbst. Das Bewusstsein ist zu einem spirituellen Lügner geworden, anstelle eines einfachen Lügners und es wird schlimmer und immer schlimmer...

Alles, was das Bewusstsein aus *solch* einer Art zu sein berührt, wird nicht gelingen. Es kann so vieles zurechtrücken und es kann *erscheinen,* als ob es die Dinge verändert, aber seinen *inneren* Zustand kann es nicht ändern. Erst wenn das Bewusstsein, weit entfernt von seinem inneren „zuhause", es völlig aufgibt jemals wieder „nach Hause" kommen zu *müssen*, erst wenn es sich bedingungslos in einem Zustand „okay" sein *lässt* - in dem Ärger, Enttäuschung, Gier, Selbstbezogenheit und viele andere, in seinem Innern gefangene, hässliche Dinge vorhanden sind - dann endlich *befindet sich* dieses Bewusstsein in einem Zustand absoluten und warmherzigen „Okayseins". Das ist ein Bewusstsein, das einfach ist, was es ist, so *wie es ist.*

Was dann bleibt ist ein Ruhen: ein warmes Fließen totalen und vollkommenen Akzeptierens, eine Art des Akzeptierens, in der es nichts gibt, das sich jemals, jemals wieder ändern müsste. Und ohne zu realisieren, was sich in den mentalen, emotionalen und intuitiven Vehikeln ereignet, gleicht nun die Seinsweise des Bewusstseins im Äußersten einer Seinsweise, die dem Innersten entspricht. Und weil nun eine Übereinstimmung in der Seinsweise zwischen dem Äußersten und dem Innersten des Bewusstseins besteht, findet eine spontane Rückkehr statt, „nach Hause", zur Wirklichkeit, zur Wahrheit.

Jetzt ist das Bewusstsein heil und vollständig. Es ist in einer wahren Seinsweise „zuhause" und es *tat* nichts, um etwas zu verändern. Der gesamte Pfad endete. Jemals etwas ändern zu müssen, endete. Etwas in Ordnung bringen zu müssen, endete. Der Wunsch und das Bedürfnis, etwas Gutes zu brauchen oder etwas Schlechtes zu mildern, endete. Jegliche Art inneren Tuns ist endlich und vollkommen vorbei.

Jetzt ist da eine Seinsweise, die tatsächlich wahr ist. Da ist bedingungsloses „Okaysein", so wie es ist. Du bist „zuhause". Und so einfach ist es. So heilend ist es. Alles, was geschah, war nur völlige Ehrlichkeit und eine Hingabe an das, von dem das Bewusstsein wirklich wusste, dass es wahr ist. Das Bewusstsein erwachte. Es kehrte „nach Hause" zurück. Es ging zu dem zurück, was wirklich, wirklich ist, ohne geistig, emotional und intuitiv überhaupt zu realisieren, was geschah.

Wie macht man das?

Wie kann das Bewusstsein, fern von „zuhause", auf eine Weise *sein*, die wahr ist? Es tut das, indem es ehrlich ist: indem es aufgibt einer Wahrnehmung, einem Gedanken, einem Wunsch, einem Bedürfnis, einer Emotion oder einem Ideal gegenüber loyal zu sein. Das geschieht, wenn das Bewusstsein schließlich aufgibt irgendetwas anderem treu zu sein als dem, von dem es tatsächlich und ehrlich *weiß*, dass es wahr ist. Wenn du in diesem Leben irgendein Anliegen in Bezug auf irgendetwas hast, dann bist du etwas treu, das nicht wahr ist. Du bist einer Wahrnehmung, einer Illusion, einer Lüge treu und du bist nicht diesem kleinen winzigen Bisschen treu, von dem du eigentlich weißt, dass es wahr ist. Du hast dieses kleine Bisschen zugedeckt, denn jedesmal, wenn du es siehst, weißt du, dass ihm treu zu sein bedeuten würde deine Anliegen zu verlieren. Du würdest deine selbst erschaffenen Träume und Wünsche verlieren. Du würdest verlieren, innerhalb von all dem zu leben. Du würdest nicht mehr bekommen, was *du* willst... du würdest die *Kontrolle* verlieren.

Deshalb deckst du das kleine Bisschen, das du als wahr erkannt hast, schnell zu. Du versiegelst es, damit du nicht einmal darüber stolpern kannst, denn es ist viel zu gefährlich - dieses winzig kleine Bisschen kann dein ganzes Leben bloßlegen! Und wenn es einmal versiegelt ist, bringst du die kleine Stimme zum Schweigen, indem du sie unterdrückst. Du hast schwer gearbeitet sie auszuschalten. Du kannst sie nicht mehr hören und jetzt fühlst du dich sicher.

Nun machst du dich auf und suchst nach einer persönlichen Wahrheit, für die es sich lohnt zu leben, eine Wahrheit, die dich befriedigt, die wirklich „gut" für dich ist. Du suchst nach irgendeiner Aufgabe, für die du leben kannst, die dich glücklich machen wird, die dich zu einem „Jemand" macht; ein Anliegen, innerhalb dessen du als Bewusstsein hochklettern kannst, um so auszusehen, wie du aussehen willst, um zu sein, was du sein willst. Du tust das alles für *dich*. Es mag *so aussehen*, als ob du es aus selbstlosen Gründen oder für einen anderen tust, aber du tust es nur für *dich*. Und das ist so leicht bloßzustellen. Nimm einfach die Maske, brich sie auf, wirf einen Blick hinein und sieh, was dahinter ist. Wenn jemand diese Maske anrührt und sie frustriert, sie abzureißen beginnt, wirst du ernstlich bedroht sein... denn deine aufrechterhaltene Identität und deine Absicht verdecken eine Realität, deren Enthüllung du dir nicht leisten kannst.

Ich habe das Gefühl, dass... ich traue mir nicht zu, dass ich weiß, was Wahrheit... was dieser Kern, dieser Teil wirklich ist...

Dann hast du es leicht. Wenn du dir nicht zutraust, dass du das weißt, dann brauchst du auch keiner deiner Meinungen, Ideale, Hoffnungen, Wünsche, Bedürfnisse und Träume Glauben zu schenken. Du wirst *ihnen* nicht trauen, denn du weißt, dass du *dir selbst* nicht traust. Sofort zählt das alles nicht mehr und nun bist du erleichtert - all deine Lasten sind verschwunden.

Das ist tatsächlich nährend, denn es resoniert mit deinem innersten Sein. Wenn du das hörst, bewegt sich dein innerstes Sein in dir hoch und liebt, was du hörst. Das macht es nicht bei deinen Anliegen. Dein innerstes Sein nimmt niemals Anteil an deinen Anliegen oder an deiner „Spiritualität". Das kann es nicht, denn es weiß, dass da gar nichts ist. Wenn du *dies* hörst, liebst du es, weil dein Sein es liebt. Es ist erleichternd, denn es ist das, von dem du schon immer wusstest, dass es wahr ist. Es ist so heilend. Das Heilen stellt sich ein, die Nahrung wirkt, die Worte geben dir einen Raum im Inneren, wo du loslassen, total entspannen und dich niederlassen kannst, einen Raum im Inneren, in dem du *dein Haupt niederlegen darfst* - und da ist nichts mehr zu tun. Darin ist Ruhe, da ist Raum genug, um zu *sein*.

Was geschehen wird, ist, dass dein Verstand - das Bewusstsein innerhalb des Verstandes - einige der Auswirkungen von dem, was du hörst und einige der Auswirkungen von dem, was du hereinlässt, realisieren wird. Und wenn du diese Auswirkungen realisierst, geschieht folgendes: sobald du zu sehen beginnst, wie sie sich durch dein Leben ausbreiten werden, durch dein emotionales und mentales Vehikel und deinen Willen, sobald du die Auswirkungen des Verlustes von allem, an dem du festhältst, erkennst, wirst du sie dann für dein gesamtes Leben vorgezeichnet sehen. Du wirst realisieren, dass du all das, woran du festgehalten hast, verlieren wirst und es ist dann, dass du möglicherweise anfängst zu zögern. Das Bewusstsein fängt an abzuwägen: „Lohnt es sich, ist es wert, soviel zu verlieren, um im Inneren dessen zu sein, von dem ich weiß, dass es wahr ist?" Und es beginnt ängstlich zu werden, es beginnt beunruhigt zu werden. Es neigt bereits dazu an allem festzuhalten, denn der Verlust ist zu tiefgehend, zu groß. Und dann beginnt die Unehrlichkeit allmählich wieder zurückzukriechen und sich wieder einzustellen. Und dann stellt sich das Ego wieder ein und stellt fest: „Das war knapp!"

Wie verhindert man, dass dies geschieht?

Lass dich wärmstens okay sein und bedingungslos okay sein mit jeder Art des „nicht Okayseins", der du jemals wieder begegnest. Dann wird es leicht sein. Sobald es etwas gibt, bei dem du das Gefühl hast, dass es verändert werden sollte oder es innerlich wichtig ist es zu verändern, kannst du statt dessen einer neuen und lebendigen Antwort im Inneren *erlauben* das Anliegen warmherzig und bedingungslos zu akzeptieren - genauso wie es ist. Es ist nicht nötig an der Veränderung von irgendetwas teilzunehmen. Dann bleibst du warmherzig okay: ein wahres, *lebendes Akzeptieren* innerhalb jeglicher Lebensumstände, innerhalb jeglicher Art von „nicht Okaysein".

Ich bekomme das Gefühl darin isoliert zu sein, weil es da viel „nicht Okaysein" geben wird. Die Menschen werden das nicht mögen.

Um dich herum gibt es eine Menge Menschen, die nicht „okay" sind. Und wenn du dich mit allem, so wie es ist, bedingungslos okay sein lässt, wird sie das bloßstellen. Zuerst mögen sie warmherzig hingezogen sein, so wie du zu sein, aber das könnte sie verärgern, wenn sie nicht wahrhaft okay sein wollen - wenn sie absolut „nicht okay" sein wollen und darauf bestehen. So könntest du beginnen deine Freunde zu verlieren.

Die andere Möglichkeit ist, dass jeder in deinem Umkreis, der nach Wirklichkeit hungert, sich unwiderstehlich hingezogen fühlen wird einfach nur mit dir zu sein. Da wird etwas in deinem *Raum* um dich sein, das sie dazu bewegt ihr Haupt niederzulegen - und sie mögen vielleicht nicht einmal verstehen, worüber in aller Welt du überhaupt *sprichst*. Sie verstehen vielleicht nicht, was du *tust*, aber sie lieben das, was du *bist*. Deine Art zu sein wird ihnen zur Nahrung. Sie wird heilend auf sie wirken und eine *Anziehungskraft* des Seins wird entstehen genau so zu sein wie du. Und du hast nicht einmal *versucht* sie zu lieben oder ihnen zu helfen oder sie zu verändern. Alles geschah ohne Anstrengung. Ehrlichkeit und Hingabe wirken tatsächlich.

Ich frage mich ob „Selbstliebe" ein passender Ausdruck ist für dieses Akzeptieren von dem, was nicht okay ist?

Anstrengung und Selbstliebe werden dich nur tiefer verwunden. Wenn auch nur das geringste Bemühen darin vorhanden ist, dann verzerrst du dich bloß als Bewusstsein. Innerlich machst du dich nur fertig, indem du versuchst etwas zu tun, an dem du aus innerer Ehrlichkeit heraus überhaupt kein Interesse hast.

Nur ein müheloses Sanftsein mit dir selbst wirkt, ein müheloses dir Raum geben, *einfach nur um zu sein*. Irgendeine Energie hereinzubringen - um diesen Raum sicherzustellen oder zu schützen, damit du deinen „alles was ich will, ist einfach *sein*" Raum hast - ist lediglich eine Selbsttäuschung. Wenn da irgendeine Anstrengung ist, dann ist das eine weitere Ablenkung - noch etwas, das nichts ausrichten wird.

Ein *echtes* „Sich-lieben" ist ein warmes Loslassen sich selbst lieben zu müssen. Es heißt die Anstrengung aufzugeben, sich *zusammenzuhalten* oder zu *versuchen,* sich selbst zu lieben. Ein echtes „Sich-lieben" ist nicht etwas, das man tun kann, wenn die Suche nach Trost nicht erfolgreich war und auch sonst nichts anderes bis dahin etwas ausgerichtet hat. Wenn eine Integrität vorhanden ist, direkt aus deinem innersten Sein, bis ganz hindurch zum Äußersten - ein natürliches und müheloses Sanftsein mit dir selbst... das wirkt. Wenn jedoch ein noch so winzig kleiner Haken darin ist - wegen eines emotionalen Dranges, um mit dir selbst sanft zu sein, um dich „gut zu fühlen" - dann wird sich dieses Sanftsein selbst zerstören. Es wird nichts ausrichten.

Sobald es einen kleinen Kompromiss der Integrität gibt, von innen her hindurch bis ins Äußerste: einen Kompromiss einer Integrität des Seins - weil du in einen Gedanken, eine Wahrnehmung, eine Empfindung, einen äußeren Druck, in ein Wollen oder Brauchen vertraust… in irgendetwas anderes als das, was du tatsächlich als wahr erkannt hast - dann gibt es ein winziges Hereinlassen der Unehrlichkeit. Und das wird alles ruinieren, was du berührst und tust. Wenn jedoch einer schlichten, reinen Antwort erlaubt wird sich durch das Bewusstsein hindurch bis hinein ins Äußerste zu bewegen und du dieses simple Wissen nicht kompromittierst, um Schmerz zu lindern, nicht um Erleuchtung oder Glücklichsein zu erlangen - für überhaupt nichts - dann wird alles wirken, was von dieser schlichten, reinen Antwort kommt, die sich aus deinem Innersten durch dich hindurchbewegt. Sie heilt, sie nährt. Du wirst liebevoll sein und dich freuen, ohne es auch nur zu versuchen. Was immer durch dich hindurchfließt, niemals wird auch nur die geringste Anstrengung damit verbunden sein.

Dass spirituelle Arbeit eine Lüge ist - das klingt großartig... ich habe eigentlich genug von spiritueller Arbeit.

Jeder had genug davon.

Was hältst du von dem, was ich „spirituelles Spielen" nenne? Hierbei geht es nicht darum sich in irgendetwas hineinzuzwingen, sondern eher darum zu lernen, wie man mehr im Fluss sein kann.

Das ist weniger schmerzhaft, aber das ist *es* immer noch nicht, weil dieses *Spielen* frustriert werden kann. Die Frustration ist in der Verspieltheit eingebettet. Warum würdest du „spirituell spielen"? Wenn es nur Spielen ist, warum würdest du *spirituelles* Spielen wählen, warum nicht eine andere Art des Spielens?

Weil man erkennt, dass es spirituell ist nur zu sein und dem Fluss gewisser Taten zu folgen... nicht weil man versucht spirituell zu sein und nicht weil man beurteilt, wie spirituell es ist. Es ist eine Art des Akzeptierens.

Da kann ein gewisses Maß an Wirklichkeit *innerhalb* des Akzeptierens sein, aber was wäre dein Beweggrund dich in diesen Zustand zu begeben?

Weil es sich richtig anfühlt.

Was wäre, wenn man sich in diesen Zustand des Akzeptierens hineinbegibt, weil es sich richtig *anfühlt*, und das langsam alles verschlimmern würde? Würdest du dann immer noch das „Spiel des Akzeptierens" spielen?

Dann wäre es an der Zeit weiterzugehen. Wenn mir das geschehen sollte, würde ich sicherlich darauf achten.

Wenn *wahres* Akzeptieren tief geht, kann es geschehen, dass es bewirkt, dass du dich nicht sehr gut fühlst. Tief im Inneren sind die Dinge, die du stark unterdrückt hast, die du dir unter keinen

Umständen jemals erlaubt hast zu sehen, weil sie zu tief verwundeten, zu sehr weh taten oder dich bis in deinen Kern hinein bedrohten. Wenn ein grundlegendes Akzeptieren vorhanden ist, wenn du deine Hände von dem, was du nicht sehen wolltest, wegnimmst und wenn du das warmherzig akzeptierst, dann könnten aus deinem Inneren schmerzhafte und beunruhigende Dinge hochkommen, die du sehr lange unterdrückt gehalten hast. Wenn denen tatsächlich Raum gegeben wird, auf Grund deines Akzeptierens, in deine mentalen, emotionalen, physischen, intuitiven und willensmäßigen Vehikel hereinzukommen, dann könnte es den Anschein haben, dass du dich schnell zurückentwickelst und dass das Leben schlimmer wird.

Wenn es ein Akzeptieren gibt, nur deshalb, weil du *weißt*, dass es wahr ist und du dich dem hingibst und dein Leben beginnt sich zu verschlechtern, wirst du in diesem Akzeptieren verweilen? Oder wirst du damit aufhören, weil dein Leben schlimmer wird? Wenn es dir scheinbar schlechter statt besser geht, wirst du dann das, was du *weißt,* aufgeben und deinen *Wahrnehmungen* trauen, dass etwas verkehrt sein muss? Wirst du dann die Offenheit, die Sanftheit und das Akzeptieren aufgeben und dich in einen Bereich des Urteilens begeben?

In so einem Stadium würde ich wahrscheinlich zurückweichen. Ich glaube nicht, dass ich bereit bin vollkommen ehrlich sein zu wollen. Ich glaube, ich habe genügend Einblick in das, was das ist und ich habe mich weit genug darauf eingelassen... Aber ein Teil des Ehrlichseins ist zuzugeben, dass ich noch nicht so weit bin vollkommen ehrlich zu sein. Und das für mich selbst zu erkennen war ein Teil dieses extremen Annahmeprozesses. Man geht nur soweit und dann bleibt man stecken...

Für wen arbeitet dieses „Akzeptieren": für dich oder für dein innerstes Sein? Bringt das Akzeptieren, welches du beschreibst, etwas für dein Sein? Wirkt die Art, wie du innerlich mit den

Dingen umgehst, derartig für dein Sein, dass es den gesamten Raum *von dir* befreit, sodass dein Sein genügend Platz hat in dir hochzukommen und diesen Raum zu besetzen? Darf dein Sein überall in diesen Raum gehen, in dein gegenwärtiges Leben eintreten, in deine Vergangenheit und deine Zukunft und alles tun, wozu es sich bewegt fühlt? Existiert dein „Akzeptieren" nur, um deinem inneren Sein entgegenzukommen? Bist du deinem Sein so vollkommen ergeben, dass du ihm alles geben würdest, worauf *es* sich hinbewegt? Wenn dein Sein dich dazu bewegen sollte etwas loszulassen, würdest du dich dem sofort fügen und nachgeben und loslassen? Lebst du nun für *„dein Sein"* und nicht länger für *dich*? Wenn dein „Akzeptieren" wahrhaftig so ist, dann ist das, was du tust, für dein Sein.

Wenn das „Akzeptieren" für *dich* ist, dann gibt *dir* das Loslassen innerhalb des Akzeptierens mehr Raum; es macht im Inneren Raum frei, damit *du* es bequemer hast, weil dann weniger Stress ist. Wenn die Stärke, mit der du an etwas festhältst, reduziert wird, dann erlebst du im Inneren weniger Stress und mehr Wohlbefinden. Und da gibt es genug Genie des Bewusstseins, um das sofort zu begreifen. Du erkennst, dass „Sich-öffnen" und „Weich-werden", „Loslassen" und „Sich-hingeben" - sogar Ehrlichkeit, wenn du sie in richtigem Maße zulässt - dir in gewisser Weise geben können, was du begehrst. Alles wird darauf hinarbeiten, dass gerade genug Wohlbefinden erlangt wird... aber lass nur nicht zuviel Ehrlichkeit herein, denn dann wird alles ersetzt: dann wird dein Sein hereinkommen und *es* wird die Führung übernehmen, *es* wird *dich* ersetzen und du willst nicht, dass dies geschieht. So lernst du, wie weit du gehen kannst. Im Inneren hast du eine Grenze gezogen. Du wirst nicht ehrlicher sein als bis zu einem gewissen Grad, denn mehr als das kostet zu viel.

Was ich jetzt sehen müsste sind Menschen, die ehrlicher leben. Ich möchte mich von der Weise, die du beschreibst, direkt inspiriert fühlen und nicht von dem, was ich *bin.*

Wenn du in der Nähe von jemandem bist, der auf diese Weise lebt, dann entsteht ein Anreiz, eine Anziehungskraft des Seins, ein *Hunger des Seins.* Dieses Hingezogensein existiert, weil dein Sein aus dir herauskommt, *dich* zurücklässt und es vorzieht, mit dieser Person zu sein anstatt mit dir. Deshalb verursacht es ein Hingezogensein. Und wenn das in dir vor sich geht, dann geschieht etwas mit dir. Eine Resonanz der Wahrheit strömt durch dich hindurch und bewegt dich. Dieser Fluss der Wahrheit entsteht, weil er eine Anziehungskraft des Seins ist, eine Anziehung *innerhalb* von dir als Bewusstsein zur „Wesenheit des Seins" *außerhalb* von dir. Und du kannst dich entweder diesem Fluss und dieser Anziehung des Seins hingeben, mit diesem Fluss sein, so wie er ist - was bedeutet aus dem Inneren zu etwas außerhalb von dir zu fließen - oder du kannst auf deine eigene Weise weitermachen.

Wenn du dich entscheidest nicht in dem zu fließen - es sei denn, der Fluss würde *dir* zugute kommen, würde *dich betreffen* anstelle etwas außerhalb von dir, das dein Sein als wahrer als dich erkannt hat - dann machst du auf *deine* Weise weiter. Und sobald du auf deine Weise weitermachst, wirst du diesen Fluss des Seins, diese Anziehungskraft des Seins weniger und immer weniger dulden. Dann wirst du dort nicht hingehen, wo diese Anziehungskraft vorhanden ist. Du wirst dich nicht mehr im Umkreis dieser Person aufhalten, denn so ein Fluss unterbricht *dein* Leben.

Aber wenn dieser Fluss heilend auf dich einwirkt, wenn diese „Anziehungskraft" dich bewegt, weil dein Sein sich durch dich hindurch und nach außen auf etwas zubewegt, das in seiner *Seinsweise* so ist, wie es selbst - wenn dieser Fluss, während er sich durch dich hindurchbewegt, irgendwie heilt, anzieht, berührt oder befriedigt - dann wirst du beginnen ihm ein kleines bisschen nachzugeben. Jene Dinge, an denen du hängst, wirst du anfangen aufzugeben und dieser Fluss wird stärker und immer stärker werden. Er wird unersättlich werden... und es wird dazu kommen, dass du dich in das andere Seinswesen *verwandelst*, in dessen Nähe du dich aufhältst, schließlich genau so wirst - und das wird geschehen, weil dein eigenes Sein genauso *ist*. Dein Sein ist *immer* genauso - nur hast du dich jetzt mit seinem Fluss übereinstimmen lassen. Dann geschieht eine innere Vereinigung. Du *wirst* zu deinem Sein.

Warum würde ich das wollen?

Warum würdest du dich deinem Sein fügen, warum würdest du dich dem Fluss fügen, der aus deinem innersten Sein kommt?

Was ist der Unterschied zwischen der Anziehung dort und der Anziehung zum Äußeren, wenn ich frei bin von allen Wünschen und Bedürfnissen ?

Wenn du frei bist von allen Wünschen und Bedürfnissen und ein Fluss des Seins existiert, der sich durch dich hindurchbewegt - wenn dein Sein sich auf etwas außerhalb von dir zubewegt und du frei von allem Anhaften bist, dann würdest du ohne Anstrengung mit diesem Fluss eins werden. Du würdest dich dieser Vorliebe des Seins anschließen und du würdest ganz natürlich dahin gehen, wo dein Sein hingeht.

Dieses Sein, das frei ist vom Anhaften... könnte sich aber gleichermaßen zu mir hingezogen fühlen.

Aber wenn dein Sein sich in *diese Richtung* bewegt, auf das andere Seinswesen zu, dann geschieht das, weil *da* etwas vorhanden ist, das diese Anziehung verursacht. Wäre es umgekehrt, dann würde jenes Seinswesen zu *dir* kommen.

Warum führst du diese Gespräche?

Sie sind eine Antwort des Seins, eine Bewegung des Seins. Da ist eine *Liebe des Seins* vorhanden, die mich dazu bewegt an jedermanns Tür zu klopfen. Niemand muss jemals aufmachen. Ich tue einfach das, was ich so sehr liebe, das seinen Ursprung in meinem Innersten hat. Ich tue das, wozu ich aus der Tiefe des innersten Bewusstseins *bewegt werde* - auf eine Weise vollständiger und absoluter Hingabe an diese wahre Seinsart. Und da gibt es eine Integrität der Erwiderung, die durch alles hindurchgeht und an keine Bedingung geknüpft ist. Deshalb tue ich, was ich tue.

Bleibst du in dem von dir beschriebenen Zustand der inneren Verbundenheit, ohne Abweichungen im Fließen aus dem Innersten ins Äußerste - ehrlich, hundert Prozent der Zeit? Oder ist das etwas, das kommt und geht?

Es ist kontinuierlich, denn das ist alles, was ich liebe. Das ist es, womit ich intim bin. Ich habe keine andere Kostbarkeit. Was alles andere anbetrifft, bin ich leer.

Sind andere, die Zeit mit dir verbracht haben, nicht in der Lage, das hundert Prozent der Zeit zu tun... aber könnten sie es zeitweise tun?

Es gibt sehr, sehr wenige, die es fortwährend in einem Geerdetsein und mit natürlicher Beständigkeit tun können. Und da gibt es viele, die darin auf eine zerbrechliche Weise leben können, wie ein kleines Kind, das gerade lernt Fahrrad zu fahren - dabei überall hin und her schwankt. Es sieht aus, als könnte das Kind mit fast allem zusammenstoßen, aber es fährt schon, es geschieht. Da gibt es eine *lebendige,* innere Verbundenheit, die von nichts Unwahrem gestützt wird. Viele befinden sich in dieser Seinsweise.

Wie steht es mit Beziehungen - wie passen die hier herein?

Die passen nirgends herein, solange du nicht „zuhause" bist. Solange du nicht „zuhause" bist, passt du in nichts hinein, was wirklich ist.

Wenn Menschen echt sind und „zuhause" sind, haben sie doch Beziehungen. Warum?

Wenn es eine *Zustimmung des Seins* gibt in einer Beziehung zu sein, nicht aus mentalen, emotionalen, sexuellen, intuitiven oder willentlichen Gründen, also nicht aus Gründen, die irgendetwas mit diesem ganzen Leben zu tun haben, sondern lediglich aus einem innersten Grund, einer Anziehung und einer Erwiderung, einer Bewegung des Seins, dann formt sich eine *Beziehung des Seins*. Wenn sich nichts im Bewusstsein unrechtmäßig mit Hilfe der Oberflächenvehikel an ihr festhält, dann kommt diese Beziehung des Seins mehr und mehr in Form. Es entsteht eine Basis: ein Fundament, auf dem zwei Seinswesen zusammen „zuhause" sein können, ohne das Bedürfnis nach irgendeiner mentalen, emotionalen, sexuellen, intuitiven oder willentlichen Hilfe, um es besser zu machen.

Es entwickelt sich eine Basis des Seins, die so solide wird, dass alle Oberflächenvehikel vom „reinen Sein" legitimer Weise in diese Basis hereingezogen werden können und diese Oberflächenvehikel werden nie bedeutender sein als die Basis selbst. Niemals werden sie die Ausdrucksfähigkeit, die diese Basis selbst geschaffen hat oder geworden ist, übertreffen. Die Oberflächenvehikel werden zunehmend mehr und mehr integriert und ins „reine Sein" einverleibt. Und sie werden zu nichts anderem benützt als vom Sein durchströmt zu werden und ihm Ausdruck zu verleihen. Das ist der einzig *wirkliche* Grund für Beziehungen.

Wie sieht ein nicht willentlicher Ausdruck des inneren Seins äußerlich aus? Wie kann man wissen, ob man sich nicht selbst betrügt und nicht einer noch tieferen Form einer „Ego-Absicht" dient?

Am einfachsten kann man es erkennen, wenn irgendeine Identität darin enthalten ist.

Wenn zum Beispiel einer der Leute, mit denen du Zeit verbringst, eine Identität hat „erleuchtet zu sein", dann wäre das offensichtlich eine dieser „Abweichungen", die sich eingeschlichen hat.

Wenn einer von ihnen das „anrührt", dann würden alle anderen, deren Gewahrsein so geöffnet ist, dass sie das sehen könnten, warmherzig von dem, was sie sehen, belustigt sein. Sehr warmherzig würden sie es genau durchschauen - ohne es zu verurteilen. Wenn der Humor direkt aus dem Innersten kommt, ist er am besten. Das ist die einzige Art von Humor, die wahrhaftig heilt und nährt. Ich liebe es einfach zu sehen, was sie sehen. Sie beobachten jemanden, der sich mit einem Prozess der Erleuchtung „bekleidet" hat.

Ich mag das Humorvolle daran...

III

Vancouver, Kanada - 12. Januar 1999

DAS INNERSTE - DAS ÄUßERSTE

Nichts, was wahr oder wirklich ist,
kann jemals verloren gehen.
Du kannst der Wirklichkeit keinen Schaden zufügen.
Dein Innerstes ist aus ihr gemacht -
es *ist* das.

Dein Innerstes ist unverderblich:
Es kann nicht entweiht werden,
es kann nicht verzerrt werden.
Da gibt es kein Betrügen, keine Schliche, die wirken.
Das Einzige vom Äußersten,
das Zugang hat zum Innersten,
ist eine *Seinsweise*, die wahr ist.

Wenn diese Seinsweise
mit der innersten Weise übereinstimmt,
dann kann sich das Äußerste
ohne jede Anstrengung,
ohne jedes Gerüst,
im Innersten aufhalten
und das Innerste kann sich
frei *durch* das Äußerste ausdrücken.

Nun besteht Ganzheit:
Vollkommenheit des Bewusstseins.
Und es ist so gut,
wie du es immer *wusstest*,
so schön,
wie du es immer *wusstest*.
Es ist *der Weg, der wahr ist.*

Dieses Kapitel beinhaltet Dialoge zwischen John und seinen Zuhörern in Vancouver, Kanada - 12. Januar 1999.

Frage: Mir scheint das Ehrlichste, was ich tun könnte, wäre die Erde aufzugraben und mich darin zu verbergen. Auf diese Weise werde ich meinem Sein dienen, denn ich weiß nicht, was es heißt „zu sein". Es scheint dann... dass ich mein Sein nicht betrügen kann, dass ich nicht unehrlich oder desillusioniert sein kann... Ich weiß nicht, was es heißt „zu sein".

John: Was versuchst du zu sein? Worauf spricht es an? Wodurch gedeiht es, was liebt es? Und all das hat nichts mit *dir* zu tun - du bist nicht Teil davon. Wir sprechen nur über *„es"*. Wodurch gedeiht *es*? Wodurch lebt *es?* Was bewegt *es*?

Ich habe so einen Widerstand das Wort zu sagen.

Kennst du dein Sein? Da *du* damit nichts zu tun hast, zählt dein Widerstand nicht.

Nun... es ist absolute Wahrheit.

Und das sind nicht nur Worte - du *kennst* den Geschmack davon. Der einzige Grund, warum es dir widerstrebt diese Worte zu benutzen, ist, weil du gehört hast, wie sie so oft gebraucht wurden. Die Leute haben sie häufig ausgesprochen, aber es war keine Realität darin.

Als ich zu dir sagte, ich weiß nicht was es heißt „zu sein", meinte ich, dass ich nicht weiß, wie ich meinem Sein Raum geben kann.

Wenn du zulässt, dass *deine* Weise von der Weise deines *Seins* bestimmt wird, gibt das deinem Sein Raum.

Im Leben, von Moment zu Moment, weiß ich nicht, wie das geschieht oder wie das gemacht wird.

Das musst du auch nicht. Von Moment zu Moment brauchst du nicht zu wissen oder zu verstehen. Gibt es einen Moment, überhaupt irgendeinen Moment, in dem du weißt, wie du deinem Sein Raum geben kannst?

Solche Momente gab es. Jedoch weiß ich nicht, ob ich meinem Sein Raum einräumte oder ob es nur so eine Art von...

Dein Sein verschafft sich nie Raum in *dir*, weil *du* der Machthaber bist, nicht *es*. Der Bereich der Schwäche ist immer innerhalb deines Seins. Dein Sein hält keine Macht. Es ist einfach wahr. Dein Sein funktioniert als lebende Wahrheit, aber es *benutzt* keine Macht.

Es gab solche Momente, da hatte ich das Gefühl, es war wie ein Geschenk, das auf mich zukam, anstatt dass ich irgendwie daran teilnahm...

Der einzige Grund, weshalb du von deinem Sein beschenkt werden konntest, ist, dass in dir eine Bereitschaft zum Empfangen statt zum Nehmen vorhanden war. Das Empfangen war nicht *für dich* bestimmt, es kam zum Empfangen, weil es der Wahrheit entsprach zu empfangen. Du wurdest mit etwas beschenkt, von dem du wusstest, dass es vollkommen echt war. Und du hast es geliebt. Du hast es mehr geliebt als *dich selbst*.

Deshalb will ich es nicht verraten. Ich glaube, wenn ich mit Menschen zusammen bin, verrate ich es. Deshalb ist es weniger wahrscheinlich, dass ich es verrate, wenn ich allein bin.

Wenn da eine Sensitivität deinem Sein gegenüber besteht

und du merkst, dass du es ständig verrätst, wenn du mit anderen Leuten zusammen bist, dann verrätst du es durch deine eigenen, selbst geschaffenen Muster der Gedanken und Emotionen, des Wollens und des Brauchens. Dann *darfst du,* ebenso schnell wie du es verrätst, inmitten der Erkenntnis dessen, was du gerade verraten hast, weichherzig werden. Es spielt keine Rolle, dass du dein Sein verraten hast.

Es spielt schon eine Rolle.

Nur für dich, für das *du*, mit dem du gewohnt bist dich zu identifizieren.

Macht es dem Sein denn nichts aus?

Nein, deinem Sein macht es nichts aus, solange du in dem Augenblick, in dem du es realisierst, *seinem Ruf* folgst und nicht dem *deinen.*

Aber in dem Augenblick, in dem ich es realisiere, weiß ich nicht, ob ich auf seinen Ruf höre oder auf meinen. Die bloße Erkenntnis, dass ich es betrogen habe, bedeutet nicht, dass ich seinem Ruf folge.

Es gibt zwei Arten des Seins, die du kennst: es gibt eine Art, die sich verschließt, zusammenzieht und einengt, sich verhärtet, beharrt und fordert und „nein" sagt oder ein *bedingtes* „Ja". Und die andere Art zu sein, die du kennst, öffnet sich, wird weichherzig und lässt los. Sie wird formbar sein, warmherzig formbar sein, erwidernd und nicht reagierend. Das allein sind die zwei Arten des Seins, die du kennst.

Während du genau weißt, dass die eine Art zu sein unwahr ist, weißt du ebenso genau, dass die andere Art zu sein wunderbar wahr ist. Wenn du dich dann dabei ertappst dein Sein zu verraten, lässt du dich in eine Seinsweise hineinbewegen, von der du weißt, dass sie wahr ist. Du kannst das Bedürfnis aufgeben es richtig machen zu müssen. Du kannst das Bedürfnis aufgeben nicht länger ein Verräter deines Seins zu sein. Es geht darum dich warmherzig und bedingungslos mit der Erkenntnis okay sein zu lassen, dass du ein Verräter deines Seins bist.

Das ist schwer, weil ich es schon so lange verraten habe.

Wenn ein warmherziges Akzeptieren vorhanden ist, dass du ein Verräter deines Seins bist, dann beginnt sich deine gesamte Sensibilität, die so lange verschlossen war, zu öffnen. Du wirst dir selbst gegenüber nicht mehr hart sein. Dann wird dein Herz anfangen zu brechen, weil du erkennen wirst, dass dein Sein auf die zärtlichste Weise damit okay ist, dass du es verraten hast. Dein Sein wartet nur darauf irgendeinen Raum zu haben, um einfach vom Innersten her durch dein Bewusstsein aufzusteigen, nur um mit dir zu *sein.* Die Tatsache, dass du es verraten hast, ist deinem Sein unwichtig. Dein Sein ist immer anwesend, um sich in *deinen* Raum einzufügen und es spielt keine Rolle, was du ihm angetan hast.

Ist denn das Sein nicht zerbrechlich?

Dein Innerstes ist nicht zerbrechlich. Der Teil deines innersten Seins, welcher als *wirkliches Du* Form angenommen hat, der ist zerbrechlich. Dem wirklichen Du wurde nicht viel Gelegenheit geboten, dein Leben zu leben.

Einzusehen, dass du dein Sein betrogen hast, ist eine wunderbare Erkenntnis. So eine Erkenntnis bringt alles zum Schmelzen, wenn du ihr voll und ganz Zugang gestattest. Wenn du die Erkenntnis, dass du dein eigenes Sein betrogen hast, vollkommen hereinlässt, wird *dich* das genauso sanft werden lassen wie dein eigenes Sein. Es wird *dich* so weich machen wie dein eigenes Sein. Dann wirst *du* genauso sein wie *es*. Dann bist *du das,* anstelle von *dir*. Dann bist du das wirkliche Du, anstatt das Du zu sein, mit dem du vertraut bist. Es geschieht jedoch nicht auf eine Weise, die du dir jemals vorstellen könntest oder die du jemals empfinden könntest.

Du kannst niemals deinen Gedanken und Gefühlen folgen, um dir sagen zu lassen, was in Bezug auf die Wahrheit und das wirkliche Du geschieht. Deine Gedanken und deine Gefühle können nicht deine Führer sein. Somit wirst du als Bewusstsein dein Vertrauen in Gedanken und Gefühle, um dich selbst zu erkennen und zu wissen, was wahr ist, aufgeben. Die *Erkenntnis* der Wahrheit geht den Gedanken und Gefühlen voraus. Die Erkenntnis der Wahrheit kommt nicht von Gedanken und Gefühlen. Aber die Erkenntnis der Wahrheit kann wirklich durch Gedanken und Gefühle *ausgedrückt* werden.

Wenn weder Gedanken noch Gefühle vorhanden sind und es gibt nur eine Leere... ein Nichts... wäre das eine Art Raum für die Wahrheit?

Wenn keine Gedanken, keine Gefühle vorhanden sind, jedoch ein warmer, erfüllender, befriedigender Zustand, den weder dein Verstand, noch deine Emotionen oder deine Intuition begreifen oder identifizieren können, dann bist du als Bewusstsein in einem Zustand äußerer Stille. Während du dich in einem Zustand *äußerer* Stille befindest, in welchem es überhaupt keine erkennbare Bewegung in deinen Oberflächenvehikeln gibt, ist es einfach die *innere* Stille, die sich durch die Oberflächenvehikel hindurchbewegt und sich nach außen hin Ausdruck verleiht.

Der selben inneren Stille des Seins kannst du erlauben - selbst inmitten des äußeren Aufruhrs selbst geschaffener, mentaler, emotionaler, intuitiver und willentlicher Verhaltensmuster - gegenwärtig zu sein. Der Raum der Stille *im Inneren* oder die Art *im Inneren* zu sein ist in beiden Situationen dieselbe. Aber wenn äußere Unruhe da ist, ist die Stille eher wie ein Zustand inneren *„Nicht-tun-müssens"* und *„Nicht-entfliehen-müssens"* inmitten all der äußeren Unruhe, die dich umgibt.

Ich neige fast dazu zu denken, dass... ich völlig ausgelöscht werden möchte.

Für dein Sein? Oder zur Schmerzlinderung?

Wenn ich völlig ausgelöscht bin, dann hat mein Sein *eine größere Chance...*

Was wäre, wenn dein innerstes Sein gar nichts dagegen hat, dass *du* da bist? Was wäre, wenn es deinem Sein unwichtig ist, dass *du* da bist, solange du *dir* nicht *vertraust?* Solange du dir nicht vertraust, ist es deinem Sein völlig unwichtig, dass *du* da bist. Wenn du dir wünscht, dass das *Du*, welches du erschaffen hast, ausgelöscht wird, damit dein Sein Raum haben kann, das würde dein Sein traurig stimmen, weil es das nicht will. Dein innerstes Sein gedeiht nicht dadurch, dass du ausgelöscht wirst... es gedeiht dadurch, dass *du dich selbst verschenkst.*

Aber wenn all das, was ausgelöscht wird, sowieso nicht wirklich ist - man sagt, dass es wertlos sei - was macht es dann, wenn es ausgelöscht wird, da es sowieso keinem Zweck dient?

Es dient einem Zweck. *Du* bist es eigentlich. Es ist der Teil des Bewusstseins, welcher der Träger der Macht ist, der die Wahl hat. Dein innerstes Sein hat nicht die Wahl.

Kann ich die Wahl nicht meinem Sein überlassen? Ich denke ich bin deshalb hier, weil ich diese Wahl meinem Sein übergeben will.

Und du nimmst an, dass jenes *Du,* an das du gewöhnt bist - wenn du es nur auslöschen könntest - deinem Sein mehr Raum überlassen würde? Es hätte dadurch nicht mehr Raum. Dann würde auch der Teil des Bewusstseins, der die Wahl hat und der sich nur mit dem Du *identifiziert* hat, das du erschaffen hast und an das du dich gewöhnt hast - dieser Teil des Bewusstseins würde auch ausgelöscht werden. Und wo müsste nun dein innerstes Sein hingehen, um *zu sein*? Es hätte keinen Ort, um sich auszudrükken.

Du kannst Bewusstsein nicht auslöschen. Aber das Bewusstsein kann aufhören einem Du zu vertrauen, von dem es *denkt,* dass es das ist, aber eigentlich *weiß*, dass es das nicht ist. Das einzige Auslöschen, das einen Wert hat, ist das Auslöschen dessen, worauf du dein *Vertrauen gesetzt* hast. Das einzige, was dann stirbt, ist eine alte Weise des Vertrauens - ein illegitimes Vertrauen. Alles, was stirbt, ist, dass das Bewusstsein den mentalen und emotionalen Körpern oder Vehikeln vertraut eine Art zuverlässiger Spiegel zu sein, in dessen Reflektion es sich erkennt. Denn das ist nicht so. Die einzige Reflektion, die das Bewusstsein dort sieht, ist die Spiegelung der Gedanken und Gefühle. Es handelt sich also nicht darum die Oberflächenkörper oder Vehikel auszulöschen.

Wenn du „Oberflächenkörper" sagst, meinst du damit nicht den physischen?

Ich beziehe mich auf das Auslöschen einer Illusion. Alles was du verlierst, alles was ausgelöscht wird, ist ein illegitimes Vertrauen, dass etwas anderes als das, was du weisst, dir sagen kann, was wahr ist. Wenn du ehrlich bist, weißt du, dass nichts außerhalb des inneren Wissens dir überhaupt sagen kann, was wahr ist - es sagt dir nur, was du denkst und was du fühlst. Anstatt nun darauf zu vertrauen, dass das, was du in einem deiner Oberflächenvehikel denkst und fühlst, dir sagen kann was wahr ist, kannst du damit anfangen, dem kleinsten Bisschen, von dem du gegenwärtig *weißt,* dass es wahr ist, dein Vertrauen zu schenken.

Das einfachste Wissen ist das Wissen vom „Sich-öffnen", vom Sanftwerden und vom Loslassen. Wenn du weißt, dass du innerlich an etwas festhältst, dann ist die einfachste Erkenntnis es nur loszulassen. Es kommt nicht darauf an, was für ein Gefühl dir das gibt, es kommt nicht darauf an, was du denkst, es kommt nicht darauf an, was du erlebst und was du durchmachst. Inmitten von all dem *weißt* du... lass es los.

Ich habe dich auch sagen hören, dass das... leicht ist.

Dein Loslassen ist nicht Sache deines Verstandes. Wenn es durch deinen Verstand geschähe, dann wäre das wirklich, wirklich schwierig.

Es geschieht also nicht durch den Verstand, nicht durch die Emotionen, nicht durch den Willen oder was sonst noch vorhanden ist. So geschieht es also durch etwas, das...

Es geschieht durch *dich.* Nur *du* als Bewusstsein kannst loslassen. Und das Bewusstsein braucht weder den Verstand, noch den Willen, um das zu tun. Der Wille hilft nicht. Wenn das Bewusstsein dem Willen vertraut und ihn benutzt, um loszulassen, dann *versucht* das Bewusstseins loszulassen. Das Bewusstsein kann *das Bedürfnis aufgeben den Willen zu benutzen,* um loszulassen. Dann ist das erste, was man loslässt, das *Versuchen.*

Weiß denn das Bewusstsein nicht, dass ich loslassen will?

Aber siehst du, du *bist* das. *Du bist* es - das Bewusstsein. Das Bewusstsein ist nicht etwas, versteckt in deinem Inneren, zu dem du scheinbar keinen Zugang hast. Du *bist* das. Und das Bewusstsein kann ehrlich sein. Dann sieht es und es *erkennt* sich selbst.

Das Bewusstsein kann auch unehrlich sein. Das Bewusstsein kann sagen: „Um ehrlich zu sein brauche ich dieses und jenes." Und sobald das Bewusstsein ein Wollen und ein Brauchen hereinlässt, dringt dieser Anteil des Bewusstseins dann sofort in alle Oberflächenvehikel und alle Hilfsmittel ein. Er zieht alle Mittel heran, um zu erschaffen, was immer er will und braucht und er manifestiert das innerlich. Nun hast du etwas, das wirklich zu sein *scheint*. Dir als Bewusstsein *erscheint* es nur wirklich.

Aber das ist eine Wirklichkeit, die nur auf Gedanken und Gefühlen basiert. Sobald dieser Unehrlichkeit des Bewusstseins erlaubt wird nur ein bisschen sanft und still zu sein, beginnt sie sofort zu erkennen, dass diese Wirklichkeit, die so echt *erscheint,* nichts beinhaltet - und keine Tiefe hat. Es ist wirklich nichts da. Gedanken und Gefühle sind vorhanden, aber sie beinhalten nichts *Wirkliches.* Da ist keine *Resonanz des Seins*. Da gibt es nichts, zu dem dein innerstes Bewusstsein aufsteigt und dem es antwortet, weil das innerste Bewusstsein nur auf etwas im äußersten Bewusstsein antwortet, das von *derselben Art des Seins* ist...

Wenn also das äußerste Bewusstsein, welches alle Macht hat, an einem Glauben festhält, einem Wollen oder einem Brauchen, dass etwas wahr sein möge, dann wird es im Äußersten eine Seinsweise geben, die sich vom innersten Bewusstsein unterscheidet. Und das Innerste wird sich nicht an dem beteiligen, woran das Äußerste gerade festhält. Das ist so, weil die Art zu sein bei diesem Festhalten eine andere ist als die Seinsweise der Offenheit und Sanftmut, die von deinem Innersten herrührt.

Sobald losgelassen wird, sobald das äußerste Bewusstsein, welches die ganze Macht hat und welches dein gewohntes *Du* ist, anfängt ehrlich zu werden und zu erkennen, dass das, woran es festhält, nicht wirklich gehalten werden muss, kann es beginnen loszulassen. Eine winzig kleine Bewegung, selbst ein winziges, scheinbar unsichtbares, sanftes Nachlassen des Festhaltens und Klammerns bringt ein Zustimmen des innersten Bewusstseins sich an diesem Nachlassen zu beteiligen und ihm zur Seite zu stehen. Und das wirkt wie eine Heilsalbe.

Das bewirkt, dass das äußerste Bewusstsein dazu bewegt wird noch mehr nachzugeben. Das äußerste Bewusstsein wird vom Innersten dazu verlockt einfach mit dem Loslassen und Nachgeben fortzufahren. Und je mehr sich Offenheit und Sanftmut zeigen, desto mehr gibt es Raum für das Innerste, um an einer Seinsweise teilzuhaben, die im äußersten Bewusstsein bereits besteht. Nur wenn ein absolutes, sauberes Loslassen geschieht, kann eine absolute *Vereinigung des Bewusstseins* zwischen dem innersten und dem äußersten stattfinden. Jetzt lebt und funktioniert das Bewusstsein tatsächlich als ein vereintes Ganzes. Du kannst dich tief in dein Innerstes versenken und du kannst weit hinaus in dein Äußerstes vordringen und doch wird die Seinsweise zwischen äußerstem und innerstem Bewusstsein dieselbe bleiben. Da gib es keine Trennung. Und da ist keine unterschiedliche Seinsweise zwischen dem einen und dem anderen.

Wenn sich das äußerste Bewusstsein warmherzig mit der Erkenntnis okay sein lässt, dass es das Innerste verraten hat, dann werden Sanftmut und Offenheit folgen. Das äußerste Bewusstsein wird, indem es so etwas realisiert, schmerzlich durchdrungen. Inmitten dieses schmerzlichen Durchdringens bewirkt ein Festhalten nichts. Es kommt zu einem Zerbrechen, zu einem wundervollen, nährenden, heilenden Zerbrechen, das sich im Äußersten des Bewusstseins ereignet. Es beginnt nun zu realisieren, was es tut, was es gewesen ist und was das dem Innersten angetan hat.

Dieses Zerbrechen, das jetzt stattfindet, ist ein neues Fließen der Sanftmut. Es ist Neues, das durch etwas Altes hindurchfließt. Sobald du dir selbst gegenüber auch nur irgendwie hart bist, weil du erkennst, dass du dein eigenes Sein verraten hast, dann bedeutet dies, dass du das gleiche schon wieder tust. Sobald du hart mit dir selbst bist - nachdem du erkannt hast, dass du dein Sein betrügst, *wenn du hart mit dir selbst bist* - dann tust du das gleiche nur noch einmal. Dein Sein hat damit kein Problem, solange *du es loslässt*, solange du dich damit so okay sein lässt dein eigenes Sein missbraucht zu haben, so wie dein eigenes Sein damit okay ist.

Dein eigenes Sein hält nicht an der Tatsache fest, dass du es verraten hast. Es lebt weder im Ärger noch in der Bitterkeit. Dein Sein *ist* absolutes „Loslassen". Es hat überhaupt kein Anliegen. Das Innerste hat niemals eine Schwierigkeit mit dem, was das Äußerste ihm antut. Es wird niemals an irgendetwas *festhalten* und es wird niemals etwas *entgegenhalten.* Und wenn du dir selbst etwas vorwirfst, dann tust du etwas, das dein Innerstes nicht tut. Nun kannst du das liebevoll auf die einzige Weise loslassen, von der du weißt, dass sie wahr ist: indem du warmherzig okay damit bist dein eigenes Innerstes verraten zu haben, dein eigenes Sein verraten zu haben.

Warmherzig okay zu sein und warmherzig loszulassen, sind Dinge, die wie die Wahrnehmung sind - sie kommen auf mich zu. Sonst weiß ich nicht, wie ich okay sein kann.

Du kannst warmherzig damit okay sein nicht zu wissen, wie man okay sein kann. „Okaysein" ist eine Funktion des Seins. In dem Augenblick, in dem du das „Okaysein" nimmst und versuchst es durch eine mentale oder emotionale Struktur einzuengen, bleibst du mit einer Vorstellung zurück und du nimmst diese Idee und versuchst diese *Vorstellung* vom „Okaysein" *zu tun.* Das wird nicht funktionieren. Sobald du „Okaysein" in deinen Oberflächenvehikeln identifizierst, dann ist alles, was du identifizierst, eine Konstruktion, die du selbst errichtet hast. Es ist nur ein durch den Verstand und die Emotionen blickendes Bewusstsein, das sich auf etwas selbst Errichtetes bezieht, das wie „Okaysein" *aussieht.* Und alles, was es errichtet, das wie „Okaysein" aussieht, wird nie funktionieren. „Okaysein" ist der natürliche Zustand einer wahren Seinsweise. Es ist nicht etwas, das du *tun* kannst, sondern es ist etwas, das du *geschehen lassen* kannst.

Wenn das Bewusstsein seinen Halt im Inneren der Oberflächenvehikel freisetzt, dann fängt es an seine Identifizierung mit ihnen loszulassen. Wenn das Bewusstsein sich erlaubt vom „Tun-müssen" auszuruhen, vom „Sich-anstrengen" und vom Versuchen zu sein, was dann *bleibt*, ist eine Funktion des Seins, die „Okaysein" *ist*. Sich vom „Tun-müssen" auszuruhen ist ein Heilen des Bewusstseins. Was in dieser Ruhe kommt ist Nahrung: das Bewusstsein selbst wird von dem genährt, was aus seinem Innersten aufsteigt.

Das Bewusstsein wird nicht durch mentale Konstruktionen oder Vorstellungen genährt. Es wird nicht von Emotionen genährt. Es wird weder von einem Zustand körperlichen Wohlbefindens genährt, noch von Gefühlen des Friedens, der Liebe oder Freude. Das Bewusstsein wird wirklich nur genährt, wenn es schließlich die Notwendigkeit loslässt jemals Frieden, Liebe oder Freude haben zu müssen, wenn es den Versuch loslässt dem Sein - seinem eigenen Innersten - gefallen zu müssen. Nahrung kommt, wenn das Bewusstsein schließlich all das fallen lässt, aufhört zu suchen, aufhört zu tun, aufhört zu streben und einfach zufrieden ist nur zu sein, wie es ist.

Wenn das Bewusstsein damit zufrieden ist zu sein, selbst wenn es sich als totalen Versager wahrnimmt, was sich dann einstellt ist eine warme und bedingungslose Zufriedenheit, dass es nun okay ist für immer dieser Versager zu sein, ohne dass es sich je ändern muss. Es ist das Okaysein so ein Versager zu sein, das dem Äußersten erlaubt genau wie das Innerste zu sein. Das Innerste kümmert sich nicht darum, ob das Äußerste versagt hat, solange das Äußerste nur damit okay ist, solange es nicht versucht das zu ändern. Das Äußerste kann nichts ändern. Wahre Änderung kommt nur aus dem Innersten. Das Äußerste kann nur *sein lassen*, was immer ist. Wenn das Äußerste versucht etwas zu ändern, dann versucht es etwas zu tun, wozu es keine Fähigkeit hat.

Wenn du sagst, dass Veränderung aus dem Innersten kommt, könntest du mehr darüber sagen?

Wenn du dir deine eigene Wirklichkeit erschaffst: indem du ein Glaubenssystem und eine Moralstruktur benutzt, sowie Informationen, Ideen und Ideale, dann lebst du als äußerstes Bewusstsein eine Realität aus, die nicht wahr ist. Was geschieht, ist, dass du dich als äußerstes Bewusstseins verzerrst und verdrehst, um *zu erzwingen,* was du *sein willst.* Wenn du dich als äußerstes Bewusstsein in einen verdrehten und verzerrten Zustand begibst, verwundest du dich selbst, verletzt du dich selbst. Du machst etwas aus dir, was du nicht bist. Du verharrst in diesem Zustand der Verzerrung des äußersten Bewusstseins und wenn du schließlich loslässt, vollkommen loslässt, um damit okay zu sein, so wie es ist - bleibt diese Verzerrung. Sie vergeht nicht sofort. Sie kehrt nicht zu dem zurück, was sie einst war, denn du hast die Verzerrung lange genug beibehalten, sodass das Muster der Verzerrung sich selbst erhält. So hast du dich als äußerstes Bewusstsein tatsächlich selbst verwundet.

Es macht nichts, wenn diese Verzerrung niemals wieder vergeht oder wenn sie niemals wieder heilen sollte, solange nur deine Art zu sein zu einer Seinsweise zurückkehrt, die tatsächlich wahr ist, während die Verzerrung selbst bleibt. Dein Innerstes, das Innerste des Bewusstseins, hat mit der Verzerrung kein Problem. Dem Innersten, deinem wahren Sein, ist die Anwesenheit der Verzerrung unwichtig. Auch der Verlust der Verzerrung spielt keine Rolle, solange das Äußerste des Bewusstseins zu einer *Seinsweise* zurückkehrt, die wahr ist. Und dann können das Äußerste und das Innerste vereint *durch* diese Verzerrung hindurchfließen. Was dann durch diese Verzerrung fließen wird ist Reinheit, ein reiner Fluss des Bewusstseins. Auch wenn die Verzerrung niemals heilen sollte, sich niemals ändern sollte, würde das wirklich nichts ausmachen.

Aber es geschieht nun einmal doch, dass die Verzerrung

heilt, dass sie sich verändert. Wenn sich das äußerste Bewusstsein öffnet und zu einer wahren Seinsweise zurückkehrt, das lässt es in einem wahren Zustand der Stille und Ruhe verweilen, während die Verzerrung bleibt. Nun hat das innerste Bewusstsein Raum zu fließen. Es antwortet auf das Äußerste und nimmt daran teil und bewegt sich durch alles hindurch. Wenn dieser Fluss sich hindurchbewegt, heilt das die Verzerrung. Die Verzerrung wird sich dem, was vom Innersten kommt - da, wo es keine Verzerrung gibt - anzugleichen beginnen und sie wird folgen…

Wenn diesem reinen Fluss des innersten Bewusstseins erlaubt wird durch das Äußerste zu fließen, heilt die Verzerrung und beginnt sich zu entspannen. Sie fängt an wieder lebendig zu werden und zu einem ursprünglichen Zustand der Nicht-Verzerrung zurückzukehren. Dem Innersten macht es nichts, wenn es Verzerrung im Äußersten gibt. Jede Veränderung im Äußersten wird dadurch geschehen, dass das Innerste ganz einfach hindurchfließt. Wenn jedoch das Äußerste den Zustand, in dem es sich gegenwärtig befindet, nicht mag und *versucht* ihn zu ändern oder zu entspannen, so muss es sich noch mehr verzerren, anstatt die Heilung einfach von selbst *geschehen zu lassen*. Und es wird nur schlimmer.

Solange du nicht warmherzig und bedingungslos akzeptierst, was du getan hast, kann der Schaden nicht beseitigt werden. Du brauchst ihn nicht in Ordnung zu bringen. Du brauchst nichts zu ändern - sei einfach okay, so wie es ist. Das ist genug. Es ist genug, um dein gesamtes innerstes Sein zu erfreuen. Deine warme und bedingungslose Annahme dessen, was du getan hast, wird dem Schaden *erlauben ohne dein Bemühen* zu heilen. Dieses schlichte „Okaysein" im Äußersten des Bewusstseins ist für das Innerste so erfreulich, dass das Innerste nicht widerstehen kann sich in Antwort daraufhin zu bewegen und daran teilzuhaben. Dann stellt sich die Liebe ein...

Und Lieben ist etwas, was das äußerste Bewusstsein nicht tun kann. Frieden ist etwas, was das Äußerste nicht tun kann. Das

Äußerste kann nichts tun außer wunderbar okay zu sein. Alles wirkliche *Tun* kommt direkt aus dem Innersten und wird durch alles hindurch ausgedrückt. Es wird aussehen, als ob das Äußerste es tut. Aber wenn das Äußerste ehrlich ist, weiß es, dass es dies nicht tut. Es ist einfach okay und tut *scheinbar* das, was geschieht, was aber in Wirklichkeit eine *Frucht des Seins* ist, welche aus dem Innersten erwächst. Sie entspringt nicht innerhalb des Äußersten. So gibt dann das Äußerste einfach wunderbar dem Innersten nach und das Innerste verleiht sich wunderbarst durch das Äußerste Ausdruck. Das ist Bewusstsein, welches im Zustand der Ganzheit lebt, in der es keine Trennung gibt.

Dann beginnt das Bewusstsein zu dem zu erwachen, wofür das Äußerste wirklich da ist: zur Art und Weise, wie sich das Innerste durch das Äußerste *bewegt* und wie das Äußerste *nachgibt,* damit das Innerste sich hindurchbewegen kann. Das Bewusstsein als ein Ganzes beginnt tatsächlich *zu erkennen,* wie es lebt, wie es fließt und wie es wirkt und das alles auf eine Weise, die wahr ist und mühelos. Das Bewusstsein beginnt tatsächlich sich selbst zu integrieren...

Nun wird das Bewusstsein erwachsen. Es entwickelt sich und dehnt sich aus. Es weiß nicht nur, was es ist und was wahr ist, es lernt tatsächlich, *wie* es „tun" kann, auf eine Weise, die wahr ist. Wenn das Bewusstsein auf diese Art wächst, wenn sich *wahres* Bewusstsein einstellt, wenn sich *Ehrlichkeit* des Bewusstseins einstellt... dann stellt sich die *Wirklichkeit* ein. Dann stellt sich wahres Leben ein, vom Innersten her hindurch bis zum Äußersten, das sich in allen Bereichen dieses Lebens ausdrückt. Das ist es, wofür wir hier sind.

Ich verstand, dass du sagtest, es spielt keine Rolle, was im Verstand vor sich geht, es spielt keine Rolle, wenn wir verzweifelt im Verstand nach etwas greifen.

Wirkliche Ehrlichkeit des Bewusstseins unterscheidet sich

grundlegend von einem Bewusstsein, welches in das mentale Vehikel, das wie ein Handschuh ist, hineinreicht und diesen Handschuh benutzt, um zu versuchen etwas zu greifen. Dann ist es wirklich das Bewusstsein, welches das Greifen „tut", indem es den Handschuh *benutzt* dies zu tun und dann den Handschuh *beschuldigt* dies getan zu haben.

Wer ist der Handschuh?

Der Handschuh ist das mentale Vehikel. Und wir geben diesem Handschuh die Schuld an allem. Aber bei allem, was dieser Handschuh tut, ist es das Bewusstsein, beziehungsweise die Hand im Handschuh, die es in *Wirklichkeit* tut, nicht der Handschuh selbst. Das Problem ist nicht der Handschuh, nicht der Verstand. Es ist nur die Unehrlichkeit des Bewusstseins *innerhalb* dieses Ausdrucksvehikels, die beschuldigt werden kann.

Wenn es nicht im Verstand geschieht, dann geschieht es im Bewusstsein...

Da gibt es einen Haken. Wenn das Bewusstsein, wie eine Hand in den Handschuh des Verstandes hinreicht und auf eine Weise zu *tun* anfängt, die unwahr ist, dann wird ein Schwingungsmuster innerhalb des Handschuhs etabliert. Es wird jedes Mal verstärkt, wenn das Bewusstsein - als die Hand - den Handschuh benutzt, um zu versuchen das *zu bekommen,* was es will und dies auf eine Weise *tut*, von der es eigentlich weiß, dass sie unwahr ist. Ein Schwingungsmuster aus Gedanken bildet sich im mentalen Vehikel. Wenn dann die Hand als Bewusstsein tatsächlich zu Ruhe kommt, zu einem Ort der Stille kommt, wo sie nicht mehr *tut,* um zu *sein* und nicht mehr den Verstand *benutzt,* um *dies zu erlangen,* dann setzt sich dieses Schwingungsmuster, das gebildet wurde, weiterhin fort.

Während sich das Bewusstsein nun ausruht, sich ausruht

vom *tun* durch den Verstand, um zu *sein,* setzen sich die wiederkehrenden Muster fort. Sie sind dieselben Muster, die das Bewusstsein selbst im Verstand bildete, die nun allein weiterspielen. Die Schwingung setzt sich fort. Und es sind die Umstände und die Menschen um dich, welche die Energie geben, die benötigt wird, um diese Schwingung fortzusetzen. Sie liefern den alten Mustern in dir die Energie, sie geben etwas an dir Bedeutung, von dem sie eigentlich ehrlich wissen, dass es unbedeutend ist. Sie bedienen sich *ihrer eigenen* Muster. Sie reichen in ihre eigenen emotionalen, intuitiven, geistigen, willentlichen und physischen Vehikel hinein und sie geben Energie an etwas, das dich als Bewusstsein betrifft und das in *deinen* Oberflächenvehikeln sichtbar wird. Das versorgt das Schwingungsmuster, welches du in deinen Oberflächenvehikeln gebildet hast, mit neuer Energie. Und selbst, wenn du als Bewusstsein ruhst und in einem Zustand tatsächlichen „Okayseins" bist, kehrt dein Verstand in dasselbe Schwingungsmuster zurück, das du gebildet hast.

Dann wirst du eine mentale Erfahrung des Festhaltens erleben. Du wirst eine emotionale Erfahrung des Festhaltens erleben, obwohl du es als Bewusstsein nicht tust. Es mag sein, dass du dich als Bewusstsein in einem Zustand der Ruhe und des „Okayseins" befindest, aber deine Gedanken und deine Gefühle werden in einem Schwingungsmuster des „nicht Okayseins" wieder aufgeladen. Und wenn du deine Gedanken und Gefühle dazu verwendest dir sagen zu lassen, was geschieht, werden sie dir mitteilen, dass du dich festhältst. Wenn du deinen Gedanken und Gefühlen vertraust, dann wirst du als Bewusstsein mit diesen Gedanken und Gefühlen übereinstimmen und wirst auf die gleiche Weise festhalten, wie es das Schwingungsmuster des Festhaltens tut. So wirst du nun eins mit diesem Muster.

Sobald du warmherzig okay bist, sobald du in Ruhe erkennst, dass du festhältst, wird das Muster weiterhin sein, was es ist, aber *du* wirst dich dann nicht mehr an diesem Muster beteiligen. Du als Bewusstsein wirst loslassen, während ein Muster des Festhaltens fortbesteht. Es ist nur ein sich wiederholendes Muster, das sich im Verstand oder den Gefühlen ausspielt. Und was ihm Energie gibt, ist etwas außerhalb von dir. Das „nicht Okaysein" eines anderen wird die Muster des „nicht Okayseins", die du als Bewusstsein gebildet hast, mit Energie versorgen. Und das wird zu deiner nächsten *Gelegenheit okay zu sein*, wenn die Muster berührt werden.

Wenn diese Muster durch etwas außerhalb von dir berührt und ausgelöst werden, während du dich tatsächlich in einem Zustand des „Okayseins" befindest, dann kannst du in Offenheit und Sanftmut warmherzig inmitten des Musters ruhen, so wie es ist. Eigentlich ist es nicht der Fehler von irgendeinem Geschehen außerhalb von dir, weil das nur einer Verhaltensweise Energie gibt, auf die du dein mentales Vehikel trainiert hast zu funktionieren. Du hast auch dein eigenes emotionales Vehikel trainiert so zu antworten. Du als Bewusstsein hast falsch trainiert, du hast alle deine Oberflächenvehikel falsch trainiert und missbraucht. Sie antworten weiterhin auf eine Weise, die du ihnen beigebracht hast. Und du *darfst* damit warmherzig okay sein, wie es ist.

Wenn dem Fließen aus deinem Innersten erlaubt wird sich durch das Äußerste zu bewegen und sich auszudrücken, dann werden - in dem Augenblick, in dem dieses Fließen anfängt die alten Muster zu berühren, die du in deinen mentalen und emotionalen Oberflächenvehikeln eingerichtet hast - jene Vehikel anfangen sich dem anzupassen. Sie lernen davon. Und die alten Muster werden sich langsam auflösen und werden durch ein aus dem Innersten kommendes Muster ersetzt: einem Muster der Wahrheit, einer Seinsweise, die wahr ist.

Mit der Zeit wird nicht nur eine Vereinigung zwischen dem Innersten und dem Äußersten des Bewusstseins stattfinden, sondern diese Vereinigung wird sich auch tatsächlich geradewegs hindurch bis zu deinen Oberflächenvehikeln zu manifestieren beginnen. Deine Oberflächenvehikel werden auch genauso wie das Innerste und das Äußerste werden. Dann wird es eine manifestierte *Vereinigung des Bewusstseins in Form* geben. Das braucht Zeit. Aber die tatsächliche Vereinigung des Bewusstseins vom Äußersten mit dem Innersten benötigt überhaupt keine Zeit - nur ein vollkommenes Loslassen.

Bezüglich des Loslassens spüre ich in mir, dass eine Art naiver Offenheit in mir war, als du in England warst.

Unschuld.

Und eine Art Loslassen. Und dieses Loslassen ist, seit ich nach Kanada gekommen bin, wie zu einem Kampf geworden. Ich fühle, dass ich mich zusammenziehe, aber es ist okay.

Es ist wunderbar okay. Sobald du erkennst, wie wunderbar okay es ist, wirst du schließlich zu demselben Zustand zurückkehren, der in dir wieder geöffnet wurde. In England wurdest du mit deinem Innersten wieder vertraut gemacht. Und das war so schön für dich, dass du innerlich einfach alles fallen ließt - alles an dem du festgehalten hast. Du wurdest innerlich offen und sanft und alles, was übrig blieb, war dieses Fließen der Liebe. Du wurdest wieder mit etwas vertraut gemacht, von dem du immer wusstest, dass es wahr ist und gleichzeitig warst du so berührt, dass es wirklich in dir geschah. Da war nur ein wunderschönes, wahres Zustimmen. Da war ein Ausdruck, der tief aus deinem Innersten kam und sich geradewegs durch das Äußerste bewegte. Und eine Erfüllung des Seins war da, von seinem Ursprung her bis ganz nach außen hin.

Dann kamst du nach Kanada, weil da eine innere Anziehung war. Du wusstest, dass die Seinsweise, der du in mir - außerhalb von dir - begegnetest, dich als Bewusstsein wieder mit demjenigen vertraut machte, was schon immer in dir vorhanden war. Du hattest immer gewusst, dass es vorhanden war, aber alles, was du zu erreichen versuchtest, machte dein Problem nur schlimmer. Eine Seinsbrücke entstand in England zwischen dir als Bewusstsein und dem, was ich als Bewusstsein bin. Weil ich dich mit dem, was du wirklich immer warst, wieder vertraut machte, verursachte das eine Anziehung.

Aber das Äußerste des Bewusstseins ist daran gewöhnt dem zu trauen, was es denkt und fühlt. Du kamst nach Kanada und hast gedacht, dass alles so weitergehen würde. Du kamst mit Gefühlen der Hoffnung nach Kanada. Du kamst mit einer sich entwickelnden Vorstellung nach Kanada, mit einer Vorstellung der Erwartung, die sich auf Gedanken und Gefühle stützte. So kamst du mit Vorstellungen beladen. Als du dann hier ankamst, da wo du erwartetest, dass eine Fortsetzung des Erwachens stattfinden würde, stelltest du fest, dass du voller Streben und Bemühen warst. Und du spürtest den Schmerz, weil du dem, was früher so weit entfernt gewesen war, so nahe warst. Jetzt warst du ihm so nahe und merkwürdigerweise konntest du es doch nicht erreichen. Jetzt warst du, von deinen Gedanken und Gefühlen her, schlechter dran als vorher.

Ist das möglich?

Es wird nur so *erscheinen,* als ob du schlechter dran bist. Aber nur ein Gedanke und ein Gefühl sagen dir das. Es sind nur deine alten Muster, auf die du hörst. Du lässt dir von den alten Mustern erzählen, was geschieht. Während du diesen Mustern zuhörst, scheint es als ob etwas an ihnen wäre; es *scheint* wahr zu sein, aber es unterscheidet sich von dem, wovon du eigentlich *weißt*, dass es wahr ist.

Da ist ein komplizierter Knoten, in den du hineingeraten bist, weil du in England erweckt wurdest. Jenes Erwachen hat alle deine Muster auf Hochtouren gebracht, weil sich die Energie des Erwachens durch sie hindurchbewegte. Nichts bewegt die Muster mehr als das Erwachen! Alle diese Muster haben sich nun zu einem massiven Knoten verstrickt, der für dich schwieriger aufzuknüpfen ist als alle Knoten, die es da je zuvor gegeben hat. Und das ist wirklich okay, wenn es warmherzig und bedingungslos okay sein darf. Dann wird der aus dem Innersten aufsteigende Fluss sich durch diesen massiv verwickelten Knoten bewegen. Und alles wird anfangen sich zu entwirren, ohne jegliche Anstrengung, ohne jegliches *Tun,* um zu *sein.*

Womit ich nicht ganz einverstanden bin, ist, dass ich scheinbar die Unschuld, die ich in England hatte, verloren habe.

Was macht es die Unschuld zu verlieren? Gehörte sie dir denn überhaupt? Die Unschuld kam aus deinem Innersten. Sie drückte sich im Äußersten aus. Das ließ dich die Unschuld *erleben.* Du erkanntest, dass du unschuldig warst, aber die Unschuld gehörte dir nicht. Sie kam aus dem Innersten, sie *gehörte* dem Innersten. Es war das Innerste, welches sich als Unschuld im Äußersten ausdrückte. Wenn solch ein Ausdruck aufhört, steht es dir nicht zu, um die Unschuld zu trauern, wenn sie einmal vergangen ist. Sie gehörte dir niemals.

Dann ist sie also nicht verloren.

Selbst wenn sie verloren wäre, ist das nicht dein Problem. Es steht dir nicht zu, um sie zu trauern und zu klagen, weil sie dir niemals gehörte. Sie war die Unschuld deines Innersten. Du solltest sehr, sehr sanft damit okay sein, dass du die Unschuld, die du in England realisiert hast und mit der du dann wieder vertraut gemacht wurdest, *scheinbar* verloren hast. In all den Jahren, in denen du sie für verloren hieltest, war sie doch niemals dein zu verlieren. Sobald du zu einer Seinsweise, die wahr ist, zurückgebracht wurdest, kehrte die Unschuld wieder. Aber sie gehörte dir nicht. Es war einfach so, dass sich im Äußersten des Bewusstseins ein Raum für das Innerste des Bewusstseins auftat, um auszudrücken, was es wirklich ist, nämlich vollkommene Unschuld. Du *erlebtest* die Unschuld wieder. Wenn du wunderbar damit okay bist diese Unschuld nicht wieder zu erleben, dann wird dein Innerstes wieder Raum haben das auszudrücken, was es ist - die Unschuld.

Nichts, was wahr oder wirklich ist, kann jemals verloren gehen. Du kannst der Wirklichkeit keinen Schaden zufügen, weil dein Innerstes daraus gemacht ist. Es *ist* das. Und das Innerste ist nicht zerstörbar. Es kann nicht beschmutzt werden. Es kann nicht verzerrt werden. Wenn das Äußerste versucht mit einem unsauberen Anliegen in das Innerste einzudringen, wie zum Beispiel dem Versuch Frieden zu erlangen, nur um sich friedvoll zu fühlen, dann funktioniert das Äußerste in diesem Moment auf eine Seinsweise, die dem Innersten nicht gleicht. Wenn so eine Uneinstimmigkeit vorkommt, hat das Äußerste seine Fähigkeit verloren wirklich zu sein. Wahren Frieden wird es nicht finden. In so einem Zustand kann es nicht einmal feststellen, was das Innerste wirklich ist.

Bei allem, von dem das Äußerste *glaubt* in das Innerste hineinreichen zu können, reicht es *wirklich* nur in eine Idee hinein. Und was es eventuell bestenfalls tun könnte, wäre, das Oberflächenvehikel des Willens zu benutzen, um Energie beizufügen und sich noch intensiver um diese Idee zu bemühen. Es wird eine Struktur ins Leben rufen, welche es das Innerste nennt und es kann versuchen dort hineinzulangen, indem es alles loslässt und sich ergibt. Aber es gibt kein Betrügen das wirkt. Tricks wirken nicht. Daran kommst du nicht vorbei.

Das Einzige, was vom Äußersten Zugang zum Innersten hat, ist eine *Seinsweise,* die wahr ist. Wenn die Seinsweise des Äußersten mit der Seinsweise des Innersten übereinstimmt, dann hat das Äußerste mühelos, ohne Anstrengung und ohne jegliche Struktur freien Zugang im Innersten zu verweilen. Dann hat das Innerste freien Zugang sich *durch* das Äußerste auszudrücken. Und nun sind Ganzheit und Vollständigkeit des Bewusstseins da. Nun gibt es wahren Frieden. Es ist wirklich so einfach. Und es ist genau so gut, wie du es immer wusstest. Und es ist genau so schön, wie du es immer wusstest.

Es ist baby-leicht, wenn du wieder mit *dem Weg,* der wahr ist, vertraut gemacht wirst. Sobald du wieder mit diesem Weg vertraut gemacht wirst, liebst du ihn. Und in dem Augenblick, in dem du ihn liebst, entsteht eine äußerst warmherzige Untreue, eine überwältigende Treulosigkeit gegenüber allen anderen Weisen, die du je ausprobiert hast. Und plötzlich wirst du alle anderen Seinsweisen, die du jemals zusammengehalten hast, alle anderen Weisen, die du ausprobiert und erzwungen hast, die du zusammengefügt und zusammengehalten hast, einfach loslassen. Dein gesamtes Du - vom Kern deines Seins - wird sich der Seinsweise zuwenden, von der du immer wusstest, dass sie so wahr, so einfach und so richtig ist.

Es wird eine warmherzige Treulosigkeit gegenüber einer Seinsweise entstehen, von der du *dachtest* oder *fühltest*, dass sie wahr wäre. Diese warmherzige Treulosigkeit sieht so aus: Sie lässt leicht los und ist nicht mehr eine Weise, die *dir* von Nutzen ist. Was wieder angefacht wird, ist eine *wirkliche* Liebe zur Wahrheit, eine Liebe zu einer Seinsweise, die wahr ist, eine Liebe im Äußeren zu dem, was seinen Ursprung in deinem eigenen innersten Sein hat. Wenn eine Liebe dafür da ist, dann geschieht dasselbe vom Innersten her zum Äußersten. Die Liebe entfaltet sich tief aus dem Innersten bis ganz hindurch in das Äußerste. Der Fluss ist derselbe. Nun besteht Einheit des Seins. Nun *bist du das Sein, dem du dienst.* Wenn deine Seinsweise dieselbe ist, bist du das: Du bist ein Seinswesen.

Solange irgendwie festgehalten wird, eine Art Kontrolle ausgeübt wird, die für Wollen und Brauchen lebt und dies manifestiert, solange bist du kein Seinswesen. Dann bist du ein Wesen, welches spielt und vorgibt etwas zu sein, das du nicht bist. Du lebst eine Illusion. Und diese Illusion schmerzt.

Ich erkannte, dass eine meiner größten Illusionen das Anhaften an den spirituellen Pfad ist, weil mir das eine Identität gibt.

Und falsche Hoffnung: eine falsche Hoffnung auf fortgesetztes Erwachen, eine falsche Hoffnung auf fortwährenden Frieden. Wenn du Erwachen oder Frieden nicht mehr benötigst, dann setzt sich das Erwachen fort. Dann allerdings befindest du dich in einem Zustand „wahren Anhaftens". Dann bist du auf die wunderbarste Weise, in höchstem Maße und einzigartig an das gebunden, von dem du wirklich weißt, dass es wahr ist.

Das ist nun *Anhaften an das Sein,* wahre Abhängigkeit. Sie entsteht, wenn das äußerste Bewusstsein völlig überzeugt ist und süchtig danach in das Innerste zu fallen, wenn sich das Äußerste nur noch aufgibt, sich verschenkt und im freien Fall in das Innerste stürzt. Das geschieht, wenn das Innerste auf jede Weise, zu der es bewegt wird, frei durch das Äußerste fließt, um sich auszudrücken. Wenn das Äußerste danach süchtig ist dem Innersten zu dienen und sich ihm hinzugeben - so ist das *wahre* Abhängigkeit.

Dann entsteht eine weitere wahre Abhängigkeit: es ist das Innerste, welches davon abhängig ist sich durch das Äußerste auszudrücken. Eine wunderbare *Abhängigkeit des Seins* entwikkelt sich. Du kannst alle anderen ausprobieren, aber keine wird so erfüllen, wie eine wahre Abhängigkeit des Seins.

Lass einfach ein wahres „Verliebtsein" entstehen - nicht in das, was du denkst, nicht in das, was du fühlst und nicht in irgendetwas in deinem Willen, dort wo es ein „Verliebtsein" in das Wollen oder Brauchen gibt. Lass aber ein wahres „Verliebtsein" da sein in das, was du *weißt*. Es spielt keine Rolle, wie winzig das Wissen um das, was wahr ist, zu sein scheint. Wenn du das wahre „Verliebtsein" da hereinlässt, beginnt das winzig kleine Bisschen sich auszudehnen, zu knospen und zu blühen.

Das winzig kleine Bisschen wird sich ganz in dich verwandeln. Nur wenn es da ein wahres „Verliebtsein" des Bewusstseins in jenes winzig kleine Bisschen gibt, von dem du eigentlich *weißt*, dass es wahr ist, dann ist das äußerste Bewusstsein wirklich echt. Nur dann bist du *wirklich du.*

Ist, zum Beispiel an einer Blume zu riechen ein Hereinlassen des „Verliebtseins"?

Das ist ein Hereinlassen des wahren „Verliebtseins". Die einzige Schwierigkeit ist, dass dies *durch* deine Oberflächenvehikel geschieht. Der Verstand weiß, was eine Blume ist. Er hat einen „Schnappschuss", eine *Idee*, worum es geht und auch eine emotionale Regung für das, was geschieht. Diese Muster bleiben innerhalb der Oberflächenvehikel. Aber wenn du an einer Blume riechst, weiß der Verstand auch, dass sich etwas in deinem Inneren ereignet, das weder der Verstand noch die Emotionen begreifen können. Jedesmal wenn du an einer Blume riechst, wird etwas Tieferes berührt als die emotionale Regung oder der mentale „Schnappschuss". Die Vehikel, wie der Verstand und die Emotion, können nicht reproduzieren, was sich durch sie hindurchbewegt, wenn sie an der Blume riechen und da diese Berührung des innersten Bewusstseins ist, die antwortet. Somit wird das wahre „Verliebtsein" in das, was du *weißt*, tatsächlich berührt, wenn du an einer Blume riechst, aber es wird durch die Erfahrungen der Oberflächenkörper verhüllt.

An jener Blume zu riechen und die Wirkung, die es auf dich hat, sind nicht für jene wundervollen Gefühle des „Verliebtseins" gedacht. Sie sind dazu da, um dich zurückzuführen das wahre „Verliebtsein" selbst zu *sein,* welches seinen Urprung im deinem Innersten hat. Wenn du an einer Blume riechst, führt sie dich zurück. Sie erinnert dich an eine Seinsweise, die wahr ist, erinnert dich an etwas, das nicht von dem *Du* herkommt, an das du gewöhnt bist. Sie erinnert dich an eine „Berührung", die nicht vom Verstand, von den Emotionen, vom Willen, von der Intuition oder vom Körper herkommt. Es ensteht eine innere Resonanz, wenn du an einer Blume riechst und sie dir erzählt, was *innerlich* vor sich geht, was in dir als Bewusstsein geschieht, *während* du an einer Blume riechst.

Was geschieht hat überhaupt nichts mit *deinem* gesamten Leben zu tun, dem Leben persönlicher Gedanken, Emotionen und Intuitionen, mit denen du gewohnt warst dich zu identifizieren. Darum geht es nicht, es hat *wirklich* nichts damit zu tun. Es ist eine Antwort einer wahren Seinsweise im *Inneren* auf etwas einer wahren Seinsweise *außerhalb* von dir. So etwas ereignet sich ganz von selbst, wenn du es *zulässt.* Es ist ein Antworten der Wahrheit auf die Wahrheit. Mit *deiner* selbst konstruierten Existenz hat das nichts zu tun. Es ist also „Verliebtsein" da, wenn du an einer Blume riechst, aber es erinnert dich und belebt den Teil in dir, der tatsächlich erkennt, dass da etwas *wahres* ist, wenn du an einer Blume riechst. Wirklichkeit erkennt die Wirklichkeit. Es ist die Wirklichkeit in dir, welche die Wirklichkeit außerhalb von dir erkennt und auf sie antwortet.

So ein Hereinlassen des wahres „Verliebtseins" gäbe es auch... wenn ich Abgase rieche.

Das stimmt. Aber dann ist das wahre „Verliebtsein" viel feiner. Wenn du Abgase riechst, gibt es da nichts, was deinen Oberflächenvehikeln gefallen könnte. Dein physischer Körper mag das nicht. Wenn dein physicher Körper es nicht mag, verursacht das ein Gefühl in deinem emotionalen Körper oder Vehikel, das nicht sehr angenehm ist. Es löst im mentalen Körper - während er alle Geschehnisse absorbiert - einen Gedanken aus, der eine ganze Struktur zusammenstellt und sie folgendermaßen beschreibt: „Abgase riechen ist unangenehm, das mag ich nicht, dem bleibe ich fern." Und diese gesamte Struktur ist okay, solange sie oberflächlich, als äußerste Wahrnehmung bleiben darf, die nichts mit dem zu tun hat, was du tiefer im Inneren *weißt*, unterhalb jeglicher Sinneserfahrung in deinen Oberflächenvehikeln.

Was meistens übersehen wird, während all dies geschieht, ist, dass dieses „Verliebtsein" immer noch vorhanden sein kann. Dieses „Verliebtsein" ist dann viel, viel feiner, weil es sich nun inmitten von etwas befindet, das sich nicht gut *anfühlt* und physisch nicht okay ist. Die Feinheit des „Verliebtseins" ist dann ein Wissen, dass es *tatsächlich* okay ist, auch wenn es sich nicht okay *anfühlt*. Das Riechen der Abgase durch eine Sinneserfahrung im Äußersten des Bewusstseins kann das „Okaysein" im Inneren nicht berühren oder fortnehmen oder beschädigen, es sei denn du entscheidest dich das zuzulassen.

Sowie du anfängst dies zu *realisieren*, während du die Abgase riechst, die dir unangenehm sind und dich physisch nicht okay sein lassen, geschieht ein Erblühen des „Okayseins". Das Wissen kommt auf, dass dein „Okaysein" nicht eingeschränkt werden kann, wenn es physisch durch Abgase beeinflusst wird. Dies ist ein Erblühen der Wirklichkeit oder des wahren „Verliebtseins" inmitten physischen „nicht Okayseins". So ein „Verliebtsein" ist viel feiner, während das „Verliebtsein", das du spürst, wenn du an einer Blume riechst, viel gröber, viel einfacher ist - das geschieht ohne dein Zutun.

Die gröbere, einfachere Art macht auch abhängig in Bezug auf ein Gefühl. Was leicht passiert, wenn du dich nicht okay fühlst und du eine Blume siehst, ist, dass du zu ihr gehst, um an ihr zu riechen - nicht um zu einer Seinsweise zurückzukehren, die wahr ist, sondern um an dieser Blume zu riechen und sie zu betrachten, damit du dich gut fühlst. Die Muster sind alle in deinem Verstand, deinen Emotionen und deinen Sinnen vorhanden und du erinnerst dich daran, was geschieht, wenn du an einer Blume riechst - was es mit dir im Inneren macht.

Es fällt uns leicht etwas *zu benutzen*, das so ist wie unser Innerstes, nur um uns „gut zu fühlen". Dann werden wir richtig schlau und machen Spaziergänge in der Natur. Und wenn da eine Unehrlichkeit des Bewusstseins ist, dann *saugen* wir aus der Natur, während wir in der Natur wandern. Wir nehmen für uns, nur um uns „gut zu fühlen”. In so einem Spaziergang ist kein Einssein. Da ist nur ein Diebstahl, da ist nur ein Nehmen. Es ist, als würde man sagen: „Ich werde der Natur ihre Energie stehlen, um die Freude, den Frieden und die Liebe, die ich *haben will*, zu bekommen.” Wir tun das gleiche, wenn wir eine Katze im Arm halten, wenn wir einen Hund streicheln.

Wenn wir uns umarmen?

Ja. Und das bedeutet nicht, dass wir nicht mehr spazierengehen, nicht mehr Hunde streicheln, Katzen im Arm halten und uns umarmen. Es geht nur darum die Ehrlichkeit hereinzulassen. Wenn Ehrlichkeit hereingelassen wird, wird das Loslassen zunehmend mehr und mehr unwiderstehlich. Es wird mehr eine Anziehung, eine Ausdrucksweise sein einen Hund zu streicheln, eine Katze im Arm zu halten, in der Natur zu wandern. Aber es wird nicht mehr sein, um etwas zu *bekommen*. Dieser Ausdruck wird einfach *geschehen,* weil eine so unglaubliche Bewegung aus deinem Innersten bis ganz nach außen hin erfolgen wird, während du in der Natur wanderst - ein Ausdruck des Einsseins mit genau dem, in dessen Mitte du gerade wanderst. Dies ist so verschieden von der dir gewohnten Art in der Natur zu wandern. Alles ändert sich.

Lass das „Verliebtsein” herein, nicht mit einem Gedanken oder einem Gefühl oder einem Ideal, sondern das „Verliebtsein” in das, was du *weißt* - das „Verliebtsein” in eine Seinsweise... sogar wenn es nur ein „Hauch” ist.

Dieses „Verliebtsein” ist also überhaupt nicht von einem äußeren Einfluss abhängig?

Sie ist nur von der Ehrlichkeit abhängig. Wenn sich dann ein äußerer Einfluss des Seins zeigt, der sich direkt mit deinem innersten Sein verbindet und in dir als Bewusstsein eine Ehrlichkeit hervorbringt oder eine Unehrlichkeit aufdeckt, dann verdrängt dieser äußere Einfluss der Ehrlichkeit tatsächlich die Unehrlichkeit in dir. Dieses „Verliebtsein" in das, was du im Inneren weißt, beginnt sich gleichermaßen auf diesen Einfluss der Wahrheit außerhalb von dir auszudehnen. Dann kommt es zu einer Antwort des „Verliebtseins" auf etwas außerhalb von dir, das genau so ist, wie dein eigenes innerstes Bewusstsein.

Wenn du dem wahren „Verliebtsein" in dir erlaubst auf etwas außerhalb von dir zu antworten, was es belebt oder erweckt, so führt dich das hindurch in dein Innerstes, wo du es erkennen kannst. Je mehr du dann deinem Innersten antwortest, desto stärker wird die Antwort auf diesen äußeren Anlass sein, der dein Innerstes bestätigt oder belebt. Je mehr du diesem äußeren Anlass antwortest, desto mehr wird sich dein eigenes Innerstes auftun und ausdehnen, weil es dein Innerstes ist, aus dem die Antwort kommt. Somit entwickelt sich dann eine Seinsbrücke: eine Brücke zwischen dir und deinem innersten Bewusstsein und gleichzeitig eine Brücke zwischen dir als wahrem Bewusstsein und dem äußeren Anlass derselben Wahrheit, auf welchen du antwortest.

Sollte mir das geschehen, so muss es in der Stille geschehen und ich habe die Vorstellung, dass ich die Stille brauche, weil es mir nicht recht ist dieses „Verliebtsein" einfach entstehen zu lassen.

Wenn du wirklich still bist, nicht in deinem Verstand oder in deinen Emotionen, sondern in dir als Bewusstsein, dann wirst du entdecken, dass du bereits in das verliebt *bist*.

In was verliebt?

Verliebt in das, was du *weißt*: eine wahre Seinsweise, Offenheit und Sanftmütigkeit des Herzens, Stille und Ruhe.

Wenn du Stille des Bewusstseins sagst, meinst du damit Ehrlichkeit?

Wenn das Bewusstsein ehrlich wird, wird es still. Sobald das Bewusstsein unehrlich wird, wird es geschäftig und es beginnt zu tun, was es nicht tun muss, beginnt zu versuchen, was es nicht versuchen muss. Es probiert sogar Seinsweisen aus, von denen es tatsächlich weiß, dass sie nicht funktionieren. Wenn eine Unehrlichkeit des Bewusstseins vorhanden ist, dann erfolgt Selbstbetrug. Das Bewusstsein besteht schließlich auf etwas, von dem es weiß, dass es nicht wahr ist und dass es nicht funktioniert. Es besteht darauf, dass es *funktionieren muss*, weil es glaubt, dass es das *einfach könnte,* wenn es das auf diese Weise ändert oder auf jene Weise versucht. Und das funktioniert niemals. Aber die Unehrlichkeit wird niemals aufhören es zu versuchen.

Ist Ehrlichkeit des Bewusstseins vorhanden, dann ist dies das Ende allen Versuchens. Es ist das Ende allen *„Tuns, um zu sein"*. Die Ehrlichkeit des Bewusstseins führt zu einer wahren Liebe der Stille und Ruhe - wahrlich der Stille und Ruhe zuliebe.

IV

Edmonton, Kanada - 27. Dezember 1998

DAS WINZIG KLEINE BISSCHEN

Nun darfst du
alle deine Mittel nutzen,
um dem „winzig kleinen Bisschen”
nachzugeben.

Nun kennst du
deine Bestimmung im Leben.

Nun kannst du
leben und denken und fühlen
und tun und ausprobieren und sein,

und all das
ist endlich nur
für das Eine:

das Richtige.

All das
im Dienste
jenes „winzig kleinen Bisschens”.

Dieses Kapitel beinhaltet Dialoge zwischen John und seinen Zuhörern in Edmonton, Kanada - 27. Dezember 1998.

Frage: In Boulder hast du über Leidenschaft gesprochen und ich würde gerne wissen, ob du darüber sprechen könntest, welche Rolle die Leidenschaft in Bezug auf die Wahrheit hat.

John: Leidenschaft ist deine Fähigkeit das Leben hereinzulassen, deine Fähigkeit das Leben aufzunehmen. Die Art der Leidenschaft, an die wir gewöhnt sind, ist sehr begrenzt und höchst bedingt. Das Leben *wirklich* aufzunehmen, ohne Zögern, ohne Einschränkung oder Bedingung jedweder Art, heißt, aus einer wahren *Seinsweise* heraus allem, was sich im Moment ereignet, vollständigen Zugang zum Inneren zu gewähren. Um im Leben derartig leidenschaftlich zu sein, musst du „zuhause" sein.

Was wir allgemein für Leidenschaft halten, ist „nicht zu wenig" und „nicht zu viel", wenn persönliche Lebenserfahrung unser Bezugsrahmen dafür ist. Bei dem Versuch das Leben zu bewältigen *benutzen* wir Leidenschaft. Wir lernen lediglich, wie wir sie kontrollieren können. Wir lernen, wie weit wir sie hereinlassen und wie weit wir sie gehenlassen können. Erst wenn du „zuhause" bist, ansässig in einer wahren inneren Seinsweise von Offenheit, Sanftheit und Ruhe, kann wahre Leidenschaft erschlossen werden. Wenn du nicht „zuhause" bist, wirst du deine Leidenschaft zügeln oder ihr Bedingungen auferlegen. Damit hast du deine Fähigkeit alles im Leben einzulassen eingeschränkt und gemäßigt.

Wenn man also „zuhause" ist, ist diese Leidenschaft beständig und schwankt nicht?

Wenn du „zuhause" bist, kann sich die Leidenschaft frei bewegen. Diese Art der Leidenschaft kann in einem Moment alles anfüllen und im nächsten Moment völlig leer sein und du wirst nichts verloren haben. Du bleibst einfach in einer wahren, inneren Seinsweise, die sowohl die Anwesenheit der Leidenschaft als gleichermaßen ihre Abwesenheit zulässt, je nachdem welche sich zur jeweiligen Zeit gerade darbietet.

Wenn du nicht „zuhause" bist und es sitzt eine gemäßigte Leidenschaft in dir, dann wird alles, was dich leidenschaftlich bewegt, zu etwas, was du zu verlieren fürchtest. Wenn die Leidenschaft gerade einen Moment da sein sollte und du investierst dich in diese Leidenschaft, dann wirst du dir gewahr, dass du leer zurückbleibst, sollte etwas sie dir nehmen. Wenn du also nicht „zuhause" bist, spielt alles eine Rolle; du kannst es dir nicht leisten *wirklich* leidenschaftlich zu sein, weil wirkliche Leidenschaft bedeuten könnte, dass du dich in Gefahr begiebst, ohne einen Gedanken an die Gefahr und ohne einen Gedanken daran dasjenige zu verlieren, in das du so sorgfältig so viel Leidenschaft investiert hast.

Wenn du „zuhause" bist, macht es dir nichts aus in Gefahr zu sein. Du kannst es dir leisten dich weit hinaus in jede Gefahr zu begeben, von der du weißt, dass es wahr ist, sich ihr auszusetzen, ohne jeglichen Gedanken an Selbsterhaltung. Du kannst es dir leisten alles, was du erworben hast, zu gewinnen oder zu verlieren und du kannst es dir leisten jede Leidenschaft, die investiert worden ist, zu gewinnen oder zu verlieren, da nichts davon für dich war. Es ging nie um dich. Du bliebst einfach *leidenschaftlich anwesend*, „zuhause" in einer Seinsweise, von der du wusstest, dass sie wahr ist, indem du der Leidenschaft erlaubtest dich vollständig zu erfüllen oder dich vollständig zu verlassen. Die Leidenschaft ist deine Fähigkeit leidenschaftlich gegenwärtig zu sein, bedingungslos, einfach in einer Seinsweise, die wahr ist.

Du sagst also, wenn man „zuhause" ist, könnte die Leidenschaft hereinkommen und etwas anfüllen und dann wieder vergehen?

Mit wahrer Leidenschaft ist es wie mit einem kleinen Kind, das völlig von etwas fasziniert ist. Alles, was es ist und alles, was es hat, konzentriert sich auf einen einzigen Blickpunkt. Es könnte *aussehen*, als ob es Ärger bringen würde dieses Kind inmitten seiner Konzentration zu stören. Dieses kleine Kind ist „zuhause" inmitten der Leidenschaft, mitten in dem, was so fesselnd ist. Du könntest das Kind jedoch ohne weiteres hochheben und es würde sich dir zuwenden und stattdessen *dir* seine Aufmerksamkeit schenken. Dieses Kind hätte nichts verloren.

Wenn Kinder oder Erwachsene nicht „zuhause" sind und von etwas völlig fasziniert sind, dann bedeutet es Ärger, sollten sie von irgendetwas abgebracht oder von ihrem Blickpunkt abgelenkt werden, auf eine Weise, die jenseits ihrer Kontrolle ist. Für sie ist es so, als wäre eine Investierung verloren gegangen. Wenn du „zuhause" bist, bist du *leidenschaftlich gegenwärtig*. Alles könnte dir genommen werden und du hättest nie etwas verloren. Das heißt wahrhaftig lebendig zu sein.

Du bezeichnest das Bewusstsein in uns oder die Wahrheit in uns als ein „winzig kleines Bisschen". Immer, wenn ich das höre, habe ich das Gefühl, dass es irgendwie unterbewertet wird. Ich finde, es verdient eher als größer bezeichnet zu werden als ein winzig kleines Bisschen. Oder wenn man gegenüberstellt: „das winzig kleine Bisschen in uns" *und „die große Menge* in dir", *dann scheint es, als ob dieser Anteil* in uns *irgendwie unterbewertet ist.*

Mein „winzig kleines Bisschen" ist unermesslich viel *kleiner* als deines.

Du sagst, dass klein sein hier keine negative Bezeichnung ist... wenn es in dir kleiner ist - ist es kein Unterbewerten?

Je kleiner das „kleine Bisschen" ist, zu dem du gehen kannst, umso tiefer befindest du dich innerhalb des Bewusstseins oder in der Wirklichkeit und umso näher bist du dem absoluten Ursprung. Bei all deinem Offenwerden und Sanftwerden und Geringerwerden und Auflösen und Verharren im „winzig kleinen Bisschen", von dem du weißt, dass es wahr ist, könntest du dieses Auflösen und dieses Zerfallen geradewegs durchlassen, geradewegs in das kleine Bisschen hinein und hindurch, ohne je anzuhalten? Dann wird das kleine Bisschen, in das du so tief hineingegangen bist, für dich wie ein ganzes Universum werden.

Wirst du dich innerhalb dieses ganzen Universums, das für dich einst nur ein winzig kleines Bisschen war, öffnen und sanft werden und geringer werden und dich auflösen? Und wirst du in der Feinheit eines neuen, noch winzigeren kleinen Bisschens, von dem du nunmehr weißt, dass es wahr ist, ruhen, aus einer jetzt noch viel feineren Seinsweise heraus? Dann wirst du mit jedem Offenwerden und Sanftwerden, mit jedem Geringerwerden und Auflösen, tiefer und immer tiefer in die Wirklichkeit fallen. Wahrheit oder Wirklichkeit wird umso tiefer werden und weiter und immer weiter ausgedehnt, je mehr du als Bewusstsein damit verschmilzt und sie *realisierst.* Je mehr du ausschließlich dem allerkleinsten Bisschen, von dem du weißt, dass es wahr ist, erlaubst dir zu genügen, umso größer wird dein Realisieren der Wirklichkeit und der Wahrheit werden. Und das *Du,* das du gewohnt warst, wird weniger und weniger und weniger und weniger. Es geht von der Form zurück zur Formlosigkeit. Und es ist nur im winzigsten kleinen Bisschen oder im Geringsten, wo du das meiste findest. Es ist die Feinheit innerhalb des Allerzartesten - von dem du weißt, dass es wahr ist - welche die Tiefe der Wirklichkeit oder Wahrheit entschleiert.

Ich möchte dich über Sex sprechen hören. Was ist die Wahrheit in dieser Erfahrung?

Das einfachste ist, dass Sex nicht für dich ist - nicht für das

Du, von dem du denkst oder fühlst, dass du es bist, das *Du*, an das du gewöhnt bist.

Ist einfach - nur ein Fluss?

Sex ist etwas, das der Wahrheit gehört, das deinem innersten Bewusstsein gehört. Sex ist eine Möglichkeit des Ausdrucks, durch das sich dein Innerstes auf wunderbarste Weise bewegen kann. Sexualität ist für das „winzig kleine Bisschen" in dir, von dem du *weißt*, dass es wahr ist. Ansonsten gehört sie dir nicht. Du magst sie nehmen und gebrauchen, aber sie ist nicht dein. Je mehr du an allem festhältst, was mit Sex zu tun hat, desto größer wird der Schmerz im Inneren sein. Je wundervoller ein vollständiges und absolutes Loslassen ist in Bezug auf jegliches selbst-orientiertes Wollen oder Gebrauchens der Sexualität für dich selbst, desto mehr hat das, von dem du weißt dass es wahr ist, ein Spielfeld, in dem es sein und sich ausdrücken kann. Sexualität ist etwas tiefgründig anderes als das, was die Menschen allgemein gewohnt sind darunter zu verstehen und zu gebrauchen...

Sex selbstorientierter Natur ist ein Weiteres, das nichts bewirkt. Er wird zu etwas, das man will und braucht und dadurch hinterlässt er Menschen, die sich nur mit Wollen und Brauchen identifizieren. Menschen benutzen ihn, um etwas zu *bekommen* und daran scheitert er. Er ist nur dazu gedacht, um Ausdruck zu verleihen, nicht um etwas zu bekommen. Sex ist nicht dazu gedacht, um dir Ausdruck zu verleihen, dem *du*, das du gewohnt bist. Er ist dazu gedacht, um dieses winzig kleine Bisschen - von dem du *weißt*, dass es wahr ist und welches aus deinem Innersten kommt - zum Ausdruck zu bringen. Dem gehört die Sexualität.

Wenn sich dieses winzig kleine bisschen Wirklichkeit durch Sexualität ausdrückt, dann weitet sich das kleine Bisschen in diesen Bereich hinein und wird riesig groß. Es offenbart sich. Aber in dem Moment, wo du die Sexualität „berührst", das heißt, sie irgendwie für das gewohnte *Du* benutzt, weil du sie für jenes

Du magst, dann zieht sich das winzig kleine bisschen Wirklichkeit vom Ausdruck zurück. Es wird wieder zu einem winzig kleinen Bisschen tief in deinem Innersten. Es wird *dich* jenen Raum haben lassen, damit du mit ihm tun kannst, was du willst. Und so kommt es niemals zu einer Erfüllung des Seins, weil *du* da nicht hingehörst. Dein *Sein* gehört da hin. Nichts von all dem kann wirklich, wirklich funktionieren, es sei denn du bist „zuhause". Somit ist Sex nur für diejenigen, die „zuhause" sind.

Du sagtest, wenn man die Sexualität mag, wird sich das kleine Bisschen zurückziehen und sich verstecken.

Sexualität zu mögen ist fein. Aber wenn du sie berührst, das heißt, wenn du sie für das gewohnte *Du* benützt, weil du sie magst, dann wird das kleine Bisschen, von dem du weißt, dass es wahr ist, *dich* haben lassen, was du haben willst. Das kleine bisschen Wirklichkeit, von dem du *weißt*, dass es wahr ist, wird zurückweichen. Nichts funktioniert in der *Wirklichkeit*, solange du nicht „zuhause" bist. Nichts funktioniert wirklich, wirklich, solange du nicht „zuhause" bist - Beziehungen nicht, Sexualität nicht, Leidenschaft nicht... nichts funktioniert.

Wenn Schmerz oder Emotionen hochkommen, wären die ein Hindernis wirklich das zu sein, was du bist... wirklich das zu sein*?*

Schmerz ist ein Fenster oder ein Tor, um das zu sein, was du wirklich bist. Aber er hat seine eigene Schwelle. Du kannst Schmerz nicht *wirklich* erleben und dich durch ihn hindurchbewegen, solange kein warmes „Okaysein" vorhanden ist, ein *Zulassen* innerster Ruhe, ungeachtet äußerer Emotionen oder Schmerzen. Wenn du dann in dieser wahren Seinsweise bist, kannst du dich wirklich durch den Schmerz hindurchbewegen. Und jedesmal, wenn irgendein Schmerz auftaucht, dann wird das für dich ein weiteres Tor oder Fenster sein, tiefer hinein in das kleine Bisschen, von dem du weißt, dass es wahr ist. Das wird zu endlosen neuen Wegen des *Wissens und Seins* durch die Tiefen deines eigenen innersten Bewusstseins führen. Jede Art von Druck lässt ein Fenster entstehen, um die Tiefen deines innersten Seins zu realisieren.

Wir neigen dazu, mit diesen Fenstern auf unsaubere, unehrliche Weise umzugehen. Wir machen sie schlecht und das verursacht dann ein Vermeiden. Wir *entfernen uns* von ihnen, statt in sie *hineinzugehen* und *hereinzulassen,* was immer uns begegnet. Wir vermeiden es, auf eine wahre Weise das zu „berühren", was mit uns wirklich im Inneren geschieht.

Was würde geschehen, wenn du dich in eine totale innere Blöße begeben würdest? Was wäre, wenn bei solcher Offenheit, solcher Sanftheit, solch einer absoluten Verwundbarkeit, dem Schmerz gestattet wäre hereinzukommen, ihm gestattet wäre sich in dir überall hinzubewegen und dir alles anzutun? Wenn du ein Bedürfnis hättest diesen Schmerz zu bewältigen, dann würdest du die Blöße verlieren, dieses Fenster der Realisierung verlieren.

Wenn das Bedürfnis die Dinge bewältigen zu müssen warmherzig losgelassen wird, dann würde dich der Schmerz, der sich durch deine totale Verwundbarkeit bewegt, weit aufbrechen. Er würde dich als Bewusstsein aufbrechen. Und in dir als Bewusstsein würden Dinge geschehen, die du nie zuvor erlebt hast. Es würde dir als Bewusstsein gut gehen, solange keine Notwendigkeit besteht etwas bewältigen zu müssen. Du würdest in neuen Tiefen und auf neue Weisen zu erfahren beginnen, was du wirklich, wirklich bist.

Wenn der Schmerz in dich als Bewusstsein schneidet und du lässt ihn herein, dann wird all das, was der Schmerz einschneidet und was immer er berührt, *als Bewusstsein realisiert.* Schmerz ist wie ein Instrument des Erwachens. Schmerz kann Stellen in dir aufsuchen, an denen du nie zuvor gewesen bist.

Wenn eine Notwendigkeit besteht etwas bewältigen zu müssen, wenn eine Notwendigkeit besteht sich mit dem

Gewohnten zu verbinden, dann wirst du diesen Schmerz niemals dahin gehen lassen. Du wirst den Schmerz in einen Bereich in dir leiten, der dir vertraut ist. Du wirst den Schmerz für dich selbst nutzen - für das Du, von dem du denkst und fühlst, dass du es bist, das Du, an das du gewöhnt bist. Du wirst diesen Schmerz nehmen und ihn in Selbstmissbrauch verwandeln. Du wirst ihn verwenden, um hart gegen dich selbst zu sein, denn auf diese Weise bleibt er in einem Bereich, der dir bereits bekannt ist.

Wenn dieser Schmerz in einen nicht vertrauten Bereich gehen darf, in Tiefen von dir als Bewusstsein, zu denen du noch nicht erwacht bist oder die du noch nicht realisiert hast, dann würdest du entdecken, dass du *dich* nicht verstehst. Du verstehst nicht, was du bist. Du verstehst nicht, warum du hier bist. Und während der Schmerz in unbekannte und unerschlossene Bereiche in dir als Bewusstsein vordringt, erscheint es dir, als würdest du alles verlieren. Alles, was dir gegenwärtig vertraut ist, könnte dir nicht beschreiben, was geschieht.

Erst wenn du „zuhause" bist, kannst du den Schmerz *tatsächlich* hereinlassen. Und du kannst ihn überall in dich hereinlassen und deine Hände völlig von ihm weglassen. Aus totaler Verwundbarkeit heraus kannst du den Schmerz überall im Inneren hingehen lassen und ihm erlauben sich frei zu bewegen. Als Bewusstsein wird dich das aufbrechen und es wird dich auf eine Weise verwundbar werden lassen, auf die du noch nie zuvor verwundbar gewesen bist: sanft verloren in einem Verwundbarsein, ohne jegliches Verstehen von dem, was vor sich geht.

Du sagtest, dass man total willig sein muss zu sterben, um das geschehen zu lassen?

Sei warmherzig offen deine selbst erschaffenen mentalen und emotionalen Gebilde und Bindungen sterben zu lassen, dein unwahres *Du* sterben zu lassen. Das geschieht nur denen, die „nach Hause" zurückkehren. In dem Maße, in dem du nicht

„zuhause" bist, wirst du dich dem Sterben widersetzen. Und du wirst dich am Leben festhalten. Aber das ist nicht *wirkliches* Leben - es ist ein Festhalten an einer bedingten Lebensweise. Es heißt wirkliches Leben zu vermeiden, weil dich das verletzbar machen würde, weil es zu viel weit offenen Raum in dir schaffen würde. Es wäre ein zu starkes Fließen einer Realität, die du mit deinem Verstand nicht *begreifst* und die sich dir nicht vertraut *anfühlt*. Bei einer bedingten Lebensweise besteht ein ständiges Bestreben den Fluss in Bereichen zu halten, die gegenwärtig vertraut sind. Somit kannst du, insofern du nicht „zuhause" bist, auch nicht ganz neues Leben, ganz neues Fließen hereinlassen. Für dich wäre das, als würdest du etwas völlig Unbekanntes hereinlassen.

Das Unbekannte hereinzulassen bedeutet von etwas verzehrt zu werden, das du nicht einmal begreifen kannst. Du würdest fortgesetzt das Verständnis und das Gefühl für dein dir vertrautes „Zuhause" verlieren, damit du mit etwas Unbekanntem, etwas Neuem verschmelzen könntest. Nur wenn du dich als Bewusstsein im „Zuhause" vertieft hast, kannst du dich in etwas *verwandeln*, das du nie zuvor gewesen bist. Nur wenn du „zuhause" bist, kannst du etwas völlig Neues *sein*.

Indem du dich als Bewusstsein öffnest und indem das Äußerste des Bewusstseins Zugang zu einem Aspekt des Innersten gewinnt, wo es nie zuvor gewesen ist, wird das äußerste Bewusstsein sich selbst verlieren. Es wird sich in das, was ihm zugänglich ist, verwandeln. Es wird seine gesamte Vertrautheit verlieren... dich alles kosten. Du wirst das verlieren, was du bist, entsprechend dem, was dir vertraut ist.

Eigentlich könnte ich das wohl tun.

Dann kannst du alles, was du innerlich festhältst, was dir gegenwärtig vertraut ist, loslassen: alles, was du je aus irgendwelchen Erfahrungen oder durch jegliche Art der

Wahrnehmung gelernt hast, alles, was du aufgenommen und innerlich angesammelt hast. Lass es los. Alles, was du verlierst ist das, was dir gegenwärtig vertraut ist. Alles, was du verlierst ist dein gesamtes *Du*. Das Du, das du gewohnt bist, ist nur die *Identifizierung mit dem Vertrauten*. Du hältst dich innerlich daran fest und nennst es illegitimerweise *Du*.

Du verwandelst diese Vertrautheit in eine innere Struktur und gehst deinen Weg, indem du von ihr Gebrauch machst. Aber du wirst nur das verstehen, was du bereits auf diese Weise verinnerlicht hast. Du könntest diese Vertrautheit erforschen, das Du erforschen, für das du dich hältst. Aber je mehr du es erforscht, desto komplizierter wird deine Struktur werden und desto mehr wirst du dich in ein Du verwandeln, das du in Wirklichkeit überhaupt nicht bist.

Wenn du alles loslässt, wofür du dich gegenwärtig gedanklich und gefühlsmäßig hältst - deine Glaubensstruktur, deine Moralstruktur und du innerlich alles loslässt, was du jemals gelernt oder dir innerlich angeeignet hast - was dann übrig bleibt ist etwas Neues. Und die erste „Berührung" des Neuen, das winzig kleine Bisschen, das auftaucht und das Vertraute ersetzt, ist mehr wert als alles, was du loslässt. Dieses erste winzig kleine Bisschen des Neuen, welches das Vertraute ersetzt - das ist das *wahre* Du. Das wahre Du ist das kleine Bisschen des Neuen, das sich ständig in dein Gewahrsein hineinbewegt, ohne dass du es je berührst. Es bewegt sich hinein, geradewegs hindurch und hinaus. Es ist ein unablässiger Strom des Neuen, sodass *du* nur *das* bist. Du bist das Neue. Alles, was vertraut erscheint, ist einfach okay, aber es wird nie wieder *Du* sein. Es geschieht, dass sich das Bewusstsein selbst zu realisieren beginnt. Du wirst tatsächlich herausfinden, was du als Bewusstsein wirklich bist.

Für jeden Teil in dir als Bewusstsein, der sich mit Kontrolle oder Zurechtkommen oder Vertrautheit identifiziert, ist diese Erkenntnis der Gipfel absoluten Terrors. Es ist ein Fliegen direkt in etwas völlig Neues - in einen Raum, vom dem du keine Ahnung hast. In den Weltraum zu fliegen wäre kein Fliegen in das Neue, weil dir das schon auf gewisse Weise bekannt ist. Du kannst ihn von hier aus betrachten. Es mag etwas neu daran sein, aber da wäre trotzdem ein Bezugsrahmen, den du verstehen könntest. Du würdest dich immer noch durch etwas bewegen, was dein Verstand begreifen könnte. Wenn wirkliches Erwachen stattfindet, würdest du durch absolut Neues fliegen, ganz ohne einen vertrauten Bezugsrahmen.

Das klingt, als ob es Spaß macht.

Nur wenn du „zuhause" bist. Nur wenn du als Bewusstsein bereits in einer wahren Seinsweise lebst. Wenn du nicht „zuhause" bist, ist es kein Spaß. Wenn du nicht „zuhause" bist und man würde dir etwas derartiges aufzwingen - wie ins Neue zu gehen, ob du willst oder nicht - würdest du den Verstand verlieren und deine Oberflächenvehikel überfordern. Deine Oberflächenvehikel würden dann manifestieren, wie ausgesprochen wahr es ist, dass du in deinem gegenwärtigen Bewusstseinszustand oder deiner Seinsweise dies nicht handhaben kannst. Wenn du als Bewusstsein nicht damit umgehen kannst, dann könnten es deine Oberflächenvehikel ebenfalls nicht.

In Wirklichkeit gibt es nichts Erfüllenderes als das Ereignis wirklichen Erwachens. Es ist aber nur erfüllend, wenn du „zuhause" bist. Wenn du nicht „zuhause" bist, dann reicht eine leichte Berührung und innerlich wird sich alles in dir zusammenziehen und mit allem, was du bist, zurückspringen.

Hier zu sein geht weit über alles hinaus, was ich mir je vorstellen könnte. Ich habe das Gefühl „nach Hause" zu gehen und ich kann es nicht glauben. Ich habe das Gefühl, als ob ich aus meiner Haut herauskriechen werde. Ich bin für dein Sein so dankbar und für mein „kleinstes Bisschen", von dem ich in gewisser Weise überhaupt keine Ahnung hatte. Andererseits hat es mich hierher gebracht...

Ich versuche einfach mich weiterhin zu öffnen und bemerke meine „Nicht-Offenheit". Es fühlt sich so an, als hätte ich mein ganzes Leben meine Muster und mein Sein gefestigt: mein „nicht Okaysein" gefestigt, mein Fortlaufen von meinem „nicht Okaysein", mein Einverstandensein mit der Lüge meiner Trennung, mein mich nicht Verbinden mit meinem „kleinsten Bisschen". Ich glaube ich habe nichts zu verlieren, wenn ich das alles loslasse, obwohl ich weiß, dass ich keine Ahnung habe wie das sein oder aussehen wird und ich weiß, dass es keine Kleinigkeit sein wird - weit gefehlt. Aber es bleibt nichts anderes übrig.

Das ist wahr.

Jedesmal, wenn du, wie mir schien, Instruktionen über Offenheit und Sanftheit gegeben hast, habe ich sie in eine Disziplin verwandelt, die „John-Disziplin". Ich habe erkannt, dass du versuchst Menschen einen Weg zu zeigen, sodass sie durch deine Worte und durch deine Energie hören, wie sie sein können und wie sie sich diesem Sein öffnen können. Es ist keine Disziplin, aber es klingt so, nur weil ich mich nicht in solch einem Seinszustand befand.

Das ist wahr.

Ich kann es nicht fassen, dass dies geschieht. Ich habe nie jemandem in meinem Leben vertraut. Ich habe der Welt nicht vertraut. Ich habe mir selbst nicht vertraut und ich habe absolutes Vertrauen in dich, absolutes Vertrauen. Ich kann kaum glauben, dass ich „nach Hause" gehen kann und dass es möglich ist „nach Hause" zu gehen. Und du bist die Wahrheit und wir sind die Wahrheit. Warum geschieht das? Wie geschieht dies?

Ich lebe in absoluter und bedingungsloser Hingabe an endlos

tiefer werdende Tiefen von „zuhause", hingegeben an innerstes Bewusstsein, Wirklichkeit, Wahrheit. Ich lebe in dieser Seinsweise ungeachtet aller persönlicher Kosten. Ich existiere ausschließlich, um der Wahrheit zu dienen. Und ich wirke als diese Wahrheit. Meine *Seinsweise* ist es, die in dir eine wahre Seinsweise erweckt.

Wie kann ich das empfangen? Wie kann ich meinen sehr starken mentalen Körper und all mein Misstrauen überwinden? Wie kann ich mich weiterhin öffnen? Was muss ich von dir erfahren, das der Wahrheit, meinem „kleinsten Bisschen" am allermeisten dienen würde?

Lass weiterhin in dir geschehen, was bereits geschieht, indem du meine Seinsweise lebst und ihr mehr als dir vertraust; indem du lebst und das, was ich als eine Seinsweise *bin*, mehr liebst, als das Du, mit dem du vertraut bist.

Ist es so einfach? Eine der größten Hürden, die ich sehe, ist folgende: wenn ich dieses „kleinste Bisschen" spüre, fühle ich, dass mein Ego, das „nicht Okaysein", versucht sich besser zu fühlen oder unterstützt zu werden von dem, was das Sein zu tun scheint. Ich versuche einfach das weiterhin loszulassen...

Es lohnt sich nicht einmal sich darauf zu konzentrieren. Anstatt *loszulassen,* was dein Sein tut, richte dein Augenmerk auf das, was das kleine Bisschen im Inneren, von dem du *weißt*, dass es wahr ist, anschaut. Es schaut nicht auf dein Ego, nicht auf deine Muster, nicht auf dein Leben oder auf deine Vergangenheit. Es schaut weder auf deine Gefühle, noch auf irgendeine Idee in deinem Inneren. Dies kleine Bisschen sieht dich nicht einmal. Aber dieses kleine Bisschen schaut mit großen Augen auf das, was ich *bin,* schaut mit großen Augen auf eine *Seinsweise*, die es als wahr erkennt. Darauf antwortet es.

Aber das scheint einfach automatisch zu geschehen. Ich habe heute eine Kassette von dir gehört und mir schien, dass es genug ist einfach in Offenheit zuzuhören, ohne überhaupt zu versuchen die Worte zu verstehen.

Wenn du in diesem Raum sitzt und die englische Sprache nicht verstehst, würdest du trotzdem verstehen. Du würdest jedem Wort, das ich sage, zuhören, aber du würdest nicht mit dem Verstand zuhören. Ohne Rücksicht auf das Du, das du gewohnt bist, würde dein Sein geradewegs hervorkommen und auf eine Weise zuhören, die nur *ihm* bekannt ist. Und während dein Sein zuhört, würde es das gesamte Du, mit dem du jemals vertraut warst, völlig beiseite lassen.

Dein Sein weiß, dass das, was ich *bin*, eine Seinsweise ist wie es selbst. Dein Sein weiß nicht, was *du* bist. Deshalb lauscht dein Sein auf das, was ich *bin* - niemals hört es auf das *alte Du*. Hätte es auf dich gehört, dann hättest du dein Sein umworben, damit es hervorkommt. Sobald es in Reichweite gewesen wäre, hättest du es ergriffen und alles gestohlen, was es ist. Du hättest es benutzt, um zurecht zu kommen und um zu kontrollieren und um glücklich zu sein. Du hättest es zur Schmerzlinderung benutzt... und es weiß das. Dein Sein antwortet nicht auf *dich*. Es antwortet auf das, was ich *bin*, denn das, was ich bin, ist von derselben Wirklichkeit wie das winzig kleine Bisschen in dir. Wenn du in den Raum des Seins kommst, der ich bin, antwortet dein Sein und es wird ganz natürlich dazu bewegt hinaus zu fließen.

Ich sollte diesen Raum des Seins nicht festhalten... Ich habe das Gefühl, dass es für mich am schwierigsten sein wird, diese Bindung loszulassen.

Es geht nicht darum diesen Raum des Seins festzuhalten, weil du gar nichts *brauchst*. Du brauchst nicht „zuhause" zu sein. „Zuhause" hat wunderbarerweise nichts mit dir zu tun. „Zuhause" ist etwas, das dem „winzig kleinen Bisschen" in dir gehört. Wenn du erkennst, was ich *bin*, dann ist es nicht das *Du,* das du gewohnt bist, das diese Erkenntnis hat. Es ist dieses winzig kleine Bisschen in dir, welches hervorkommt und beobachtet, was ich bin und *weiß,* was ich bin. Du weißt, was ich *bin*, weil es schon *in dir* ist. Wenn du liebst, was ich *bin*, dem vertraust, was ich *bin*, schätzt was ich als eine *wahre Seinsweise bin*, und zwar mehr als das *Du*, das du gewohnt bist, dann befindest du dich in diesem Moment im Raum dieses „winzig, kleinen Bisschens"- in derselben wahren Seinsweise, ohne es überhaupt zu versuchen.

Als ich es versuchte, gelang es mir nicht.

Alles, was du versucht hast, gelang dir nicht. Aber alles, worauf das „winzig kleine Bisschen" in dir antwortet, dem kannst *du* mit *deinem* gesamten Raum antworten, indem du ihn für das winzig kleine Bisschen aufgibst und für das, worauf immer *es* antwortet. *Es* bekommt den Raum, in dem *du* gewohnt bist zu leben.

Alles was ich möchte, ist dem „winzigsten kleinen Bisschen" treu zu sein. Das ist alles, was ich will.

Dann gib ihm alles. Lass *es* entscheiden, was wirklich ist, anstelle von *dir.* Lass *es* entscheiden, was Wert hat, anstatt dass *du* durch das, was du denkst und fühlst entscheidest. Gib *deine* ganze Existenz auf, nur um diesem kleinen Bisschen entgegenzukommen. Verwende alles, was *du* bist, um es diesem „winzig kleinen Bisschen" im Inneren zu *geben*, von dem du *weißt*, dass es wahr ist.

Das will ich gerne machen. Ein wenig Angst kommt auf, aber nicht viel, weil ich nicht weiß, worauf ich mich einlasse.

Das winzig kleine Bisschen weiß, worauf es sich einlässt. Das ist alles, was es sieht.

Kann mich das winzig kleine Bisschen „nach Hause" bringen?

„Zuhause" bedeutet, dass du es *zulässt*, dass das winzig kleine Bisschen *dich* haben darf. „Zuhause" ist, wenn dem winzig kleinen Bisschen erlaubt ist dich zu kontrollieren, dich zu haben, dich zu meistern, dich zu ergreifen und es alles in dir tun darf, wozu es auf wunderbarste Weise zu tun bewegt ist. Und alles, was *du* jemals tun wirst, ist geben. Und du wirst nie etwas zurückwollen. Du wirst als geliebter Diener für dieses winzig kleine Bisschen leben. Du wirst ausschließlich und auf die wunderbarste Weise existieren, nur um ihm den *Vorrang zu geben.*

Wirst du helfen mich auf dieser Reise zu führen?

Ich *bin* schon dieser Raum, diese *Weise* die es liebt.

Wäre es am besten hierher zu ziehen?

Wohin fühlt *es* sich am meisten hingezogen? Hier zu sein oder dort zu sein? Wenn du das weißt, dann komm der Neigung des winzig kleinen Bisschens, von dem du *weißt*, dass es wahr ist, entgegen. Dann wirst du diese ganze „Form-Existenz" so zusammenfügen, nur damit das formlose winzig kleine Bisschen einen Weg hat dorthin zu gelangen, wo es antworten kann und wo es *hingezogen* wird zu sein. Du kannst alles, was du dir angeeignet hast, alles, was du je gelernt hast und alles, was dir gegenwärtig vertraut ist, verwenden, um etwas in diesem Leben so zusammenzustellen, dass das winzig kleine Bisschen dort sein kann, wo es geneigt ist zu sein. Dann wirst du schließlich all deine Mittel für *das kleine Bisschen* verwenden anstatt für *dich.*

Du bist es gewohnt deine Mittel zu verwenden, um Glück zu

finden, um Schmerzlinderung zu erlangen. Nun *darfst* du all deine Mittel einsetzen, um dem winzig kleinen Bisschen zu ermöglichen all das zu haben, was es gerne hätte. Nun kennst du deine Bestimmung im Leben. Du kannst arbeiten und leben und denken und fühlen und tun und ausprobieren und sein. Und all das ist endlich nur für das Eine, das Richtige: für das winzig kleine Bisschen. Jetzt hat deine Karriere eine Bestimmung. Sie kann für dieses winzig kleine Bisschen verwendet werden. Jetzt hat dein Verstand einen Wert. Du kannst kurzfristige und langfristige Vorhaben durchführen, nur damit das winzig kleine Bisschen das Leben haben kann, das es möchte. Alle deine Vorhaben, deine ganze Fähigkeit mit den Vorhaben zu arbeiten, werden nun im Dienste dieses winzig kleinen Bisschens stehen.

Wie ist es mit dem „geerdet" bleiben?

Im Hinblick auf das, was du gewohnt bist, bedeutet deine Art „geerdet zu werden" innerlich auf vertrautem Gelände zu sein, was nichts mit diesem winzig kleinen Bisschen zu tun hat. Du brauchst nicht geerdet zu sein. Wenn du auf wunderbarste Weise okay bist, ohne jegliches Gefühl eines Geerdetseins - das ist wahres „Geerdetsein". Das Gefühl des Geerdetseins, an das du gewöhnt bist, ist mental, emotional, intuitiv, willentlich und körperlich, aber es hat keine Erdung des Seins. Somit geht es daneben... das ist es nicht.

Du hast viel darüber gesprochen das „winzig kleine Bisschen" zu lieben, aber ich kann mich nicht wirklich liebend sehen... ein Lieben „zu tun". *Und dann hast du darüber gesprochen, wie Lieben eine* Frucht *des Seins ist; es ist nicht etwas, was man* tut - *es ist etwas, das mit dem Sein zu tun hat. Vielleicht kannst du diese zwei für mich so zusammenflechten, dass ich sie irgendwie besser verstehen kann.*

Sobald du als Bewusstsein alles, was du bist, an das gibst, was ich als eine wahre Seinsweise *bin*, kommt folgende Antwort zurück: Ich gebe alles, was ich *bin*… an dich. Alles, was ich bin, das von demselben ist, wie das winzig kleine Bisschen, das du bist, hat nun eine direkte „Seins-Beziehung". Und das ist alles, was wahrhaftig übrig bleibt. Nun lebt das winzig kleine Bisschen innerhalb dessen, was es außerhalb von sich sehen kann, was genau dasselbe ist wie es selbst, nur viel, viel tiefer. Und dann beginnt dieses winzig kleine Bisschen sich automatisch dieser Tiefe anzugleichen, weil es sieht und weiß und antwortet.

In einem Moment wie diesem habe ich das Gefühl, dass es wirklich nichts, gar nichts für mich zu tun gibt, außer was ich tue, indem ich hier bin. Und in anderen Momenten wird mein Verstand ziemlich rege, besonders wenn ich dich mit anderen Menschen reden höre, von all den Schwierigkeiten höre, welche die Menschen durchmachen, nur um hier sein zu können und... dann habe ich das Gefühl: vielleicht tue ich nicht genug, vielleicht sollte ich mich mehr anstrengen und mehr verstehen, mehr aufgeben, mehr leiden.

Die Weise, auf die es wirkt, ist durch wahre Osmose. Und das Du, das du gewohnt bist, hat die Fähigkeit, diese wahre Osmose zu verhindern, weil es weiß, was geschieht. Es erkennt die Folgen und deshalb könnte es einschreiten und versuchen diese Osmose herauszufiltern. Oder, wenn es die Ehrlichkeit hereinlässt, dann könnte das Du, das dir vertraut ist, erkennen, dass die Osmose wertvoller ist als es selbst. Indem es sich zu öffnen beginnt und ehrlich wird, wird es sehen und es wird erkennen. Das Du, welches du gewohnt bist, wird ganz einfach zur Seite treten und auf eine *Weise* zugegen sein, von der es weiß, dass sie wahr ist.

Wird mein vertrautes „Ich" das einfach tun, freundlich und gnädig aus dem Wege gehen?

Ja, wenn es ehrlich wird, wird es gnädig. Es bevorzugt das kleine Bisschen in dir, welches auf dieselbe Seinsweise, die ich *bin*, antwortet. Alles, was ich dir bedeute, ist eine Seinsweise, eine Seinsweise, von der du *weißt*, dass sie wahr ist, eine Seinsweise, die du liebst, eine Seinsweise, auf die du direkt aus deinem Innersten wahrhaft antwortest.

Ich... bin dankbar für was immer es war, dass mich zu dir geführt hat. Ich weiß, dass du sagst Gebete bringen nichts, aber vielleicht ist es nur ein Zufall...

Was wirkt ist Ehrlichkeit, das allerkleinste Fünkchen Ehrlichkeit. Das wird dich - soweit du es erlaubst - immer in die Tiefen einer Seinsweise führen, die sich innerhalb deines innersten Bewusstseins befinden. Selbst wenn du fast völlig in Unehrlichkeit verhärtet wärest, wenn alles was übrig bliebe, nur ein kleines Fünkchen Ehrlichkeit in dir als Bewusstsein wäre, dann ist es dieses kleine Fünkchen Ehrlichkeit, das sofort erkennen würde, was ein wahrer Raum des Seins ist.

Das eine winzige Fünkchen Ehrlichkeit würde auf eine Weise vibrieren, wie es nie zuvor vibriert hat. Es würde einfach summen. Dieses winzig kleine Fünkchen würde in einen Gesang übergehen und die Süße dieses Gesanges wäre so unwiderstehlich, dass der schwächere Teil der Unehrlichkeit in dir als Bewusstsein mit hineingezogen und Teil des Gesanges werden würde. Eine Dynamik würde beginnen, bis ein totaler Bewusstseinswandel stattgefunden hat. Gebete wirken nicht. Absolute und bedingungslose Ehrlichkeit dem winzigsten kleinen Bisschen gegenüber, von dem du *weißt*, dass es wahr ist - die wirkt.

V

London, England - 26. November 1998

ERLEUCHTUNG DURCH VERDUNKELUNG

Inmitten der
Dürre,
Leere,
Dunkelheit,
Leblosigkeit,
Hoffnungslosigkeit,
Blindheit
kannst du
diesen Zustand
warmherzig und bedingungslos
okay sein lassen -
für immer.

Völlige innere Ruhe.
Alles, wie es ist.
Vollendet.
Zart.
Wirklich.

Es geht nicht darum
das Licht zu bekommen.
Erwachen ist
zartes Okaysein
im Licht wie im Dunkel.
Entzücken oder Schmerz -
du könntest nicht entscheiden,
selbst wenn es eine Wahl gäbe...
Du könntest nur sein *lassen,*
was *wirklich* ist,
was immer wirklich ist -
für immer.

Dieses Kapitel beinhaltet Dialoge zwischen John und seinen Zuhörern in London, England - 26. November 1998.

Frage: Du sprachst über die Wahrheit und wie sogar für die kleinste Lüge das Seinswesen zur Seite tritt und sie zulässt. Also, ich habe eine Menge Lügen und manchmal habe ich das Gefühl mich in ihnen zu verlieren. Ich erinnere mich, als ich das Buch „Don Juan" von Carlos Castaneda gelesen habe. Er steht mit seinem sogenannten „Meister" am Rande einer Klippe. Sie halten sich bei der Hand und die letzten Worte in diesem Buch sind, dass sie gemeinsam von der Klippe springen. Ist das möglich - kann ich jetzt deine Hand nehmen und einfach springen? Ich möchte wirklich nicht zurückgehen. Gibt es da so einen Rand an den wir gehen können? Ich weiß nicht einmal, wo dieser Rand ist. Können wir das tun? Ich will keinen Schmerz spüren, ich will mich nicht verletzt fühlen, ich will mich nicht gefangen fühlen.

John: Daran stimmt etwas nicht.

Gefangen zu sein?

Es ist *nichts* verkehrt daran gefangen zu sein.

Aber ich finde etwas verkehrt daran. Ich mag die Erfahrung nicht.

Gefangen zu sein ist völlig okay. Sich nicht gefangen *fühlen* zu wollen, das ist nicht okay.

Ich will das nicht. Es ist so, wie Krishnamurti sagte: man läuft aus dem Haus, wenn man merkt, dass es brennt. Man bleibt in einem brennenden Haus nicht sitzen...

Doch, das tut man. Aus einem äußeren Haus läufst du heraus,

wenn es brennt. Wenn dein *inneres* Haus brennt, *„sei* darin". Es ist einfach das Akzeptieren von dem, was wirklich ist. Es ist nicht nötig den Raum deines inneren Seins zu ändern. Was ist verkehrt daran, wenn da ein Feuer im Inneren ist, das dein *inneres* Haus verbrennt, während du darin bist?

Entweder man wird bei lebendigem Leib verbrannt oder man schützt sich vor dem Feuer.

Dann darfst du warmherzig damit okay sein in deinem *inneren* Haus zu sterben.

Soll ich mich denn einfach hinlegen?

Nur warmherzig. Alles weniger als das würde dich weiterhin wünschen lassen, du wärest in einer anderen Lage. Das einzige Akzeptieren, das funktioniert, ist *warmes* Akzeptieren.

Gibt es einen Unterschied zwischen Einverständnis und der einfachen Äußerung: „Es ist alles egal, hier komme ich doch nicht heraus, da kann ich mich doch gleich hinlegen und den Fernseher andrehen?"

Das ist kaltes Akzeptieren.

Sich also bloß hinlegen, den Fernseher andrehen und...

Das ist nur Fatalismus. Es ist das *„Nicht-akzeptieren"*, dem es nicht gelingt seinen eigenen Willen durchzusetzen. Wenn du nicht Licht bist, kannst du kein Licht haben. Du kannst Dunkelheit haben. Wenn du warmherzig in der Dunkelheit okay sein kannst, dann kann *von dort* her Licht kommen. Licht kommt nicht aus einem Bereich des „nicht Okayseins". Licht kommt nur aus einem Bereich tiefgehenden Akzeptierens. Je mehr du mit der

Dunkelheit bedingungslos okay sein kannst, desto mehr Licht wird da sein. Je mehr Licht du verlangst oder brauchst, desto dunkler wird es im Inneren werden, auf eine Weise, die überaus „nicht okay" ist.

Inmitten der Dürre, Leere, Dunkelheit, Leblosigkeit, Hoffnungslosigkeit oder Blindheit kannst du diesen Zustand warmherzig und bedingungslos okay sein lassen - für immer. Du kannst innerlich zu völliger Ruhe kommen: loslassen, diesen Zustand jemals ändern zu müssen, warmherzig loslassen, etwas jemals verändern oder reparieren zu müssen. Kein noch so kleiner Teil muss sich darin ändern. Alles kann bleiben, wie es ist und was du tun kannst, ist einfach darin okay sein, wirklich darin okay sein. Sei so okay, dass du nicht wüsstest wie du antworten solltest, wenn jemand mit großer Macht dich fragt: „Möchtest du, dass irgendetwas im Inneren verändert wird?"

Diese Art des „Okayseins" wäre so vollendet, so ganz, so innerlich zart, so wirklich, so voller Leben, so sanft und innerlich heilsam, dass es nichts gäbe, von dem du ehrlich innerlich annehmen könntest, dass es dieses „Okaysein" besser machen würde, wenn es sich änderte. Du hättest darauf keine Antwort. Und du würdest zu dem, was wirklich ist, erweckt werden und dennoch hätte sich nichts innerhalb des *Zustandes* geändert, in dem du dich befandst. Nur *du* wärest anders *in* diesem Zustand.

Wahres Erwachen heißt, wenn du an eine Weggabelung kommen solltest - von welcher der eine Weg in überwältigende, totale Verzückung führte und der andere Weg in großen Schmerz und inneres Leiden, ein Leiden, das dich völlig zerreißt - du könntest dich nicht für einen der beiden Wege entscheiden. Du wüßtest nicht welchem den Vorzug zu geben. Du würdest dann, an der Gabelung stehend, der winzigsten, der allerwinzigsten Andeutung, die von deinem Sein ausgeht, folgen. Der winzigste Hauch einer Vorliebe des Seins, ein leises Hingezogensein zu dem einen Weg oder dem anderen, *das* würde für dich entscheiden in welche Richtung du gehst. Und die Tatsache, dass der eine Weg

Glückseligkeit und der andere Weg Leiden ist, würde für dich überhaupt keinen Unterschied bedeuten. Das ist Freiheit.

Wenn du glückselig bist und dich darüber freust, froh bist, dass dies so ist, dann wirst du mehr leiden. Glückseligkeit ist nichts wert, es sei denn du kannst in ihr ohne Anhaften und ohne Vorliebe sein. Und das Leiden bedeutet auch nichts, es sei denn du kannst in ihm ohne Anhaften und ohne Vorliebe sein. Wenn du erwachst - und besonders, wenn du später erleuchtet wirst - dann wirst du freiwillig inmitten von Schmerzen sein, die du dir im Moment unmöglich vorstellen kannst. Wenn also Schmerz jetzt nicht okay ist, dann willst du wirklich weder Erwachen noch Erleuchtung haben.

Erwachen ist nur für diejenigen, die bedingungslos okay sind. Wenn du dich bedingungslos okay sein lässt, egal in welchem äußeren Zustand des „nicht Okayseins" du dich befindest, dann wird das Erwachen ganz von selbst *geschehen*. Und wenn du in diesem sauberen, klaren, ehrlichen und wahren inneren Seinsraum verbleibst und unter jedem denkbaren und undenkbaren Druck okay bist, dann wird sich auch die Erleuchtung anfangen einzustellen. Erleuchtung ereignet sich nur innerhalb großer Dunkelheit, wo tiefes „Okaysein" vorhanden ist. Es geht nicht darum das Licht zu bekommen, es geht um ein zartes „Okaysein" inmitten der Dunkelheit.

Solltest du meine Hand halten und vom Rand springen, würde ich in Tiefen, Räume und Abgründe des „nicht Okayseins" springen, von denen du momentan nichts weißt. Was da hineinspringen würde, wäre „Okaysein" und es würde vor keiner Tiefe zurückschrecken. Das wäre nicht ein Raum, der okay ist, in den ich springe. Aber ich *wäre damit okay* in alles hineinzuspringen, von dem ich wüsste, dass es wahr ist dort hineinzuspringen - ohne Zögern.

Um mir näher zu sein - um dem näher zu sein, was ich als eine wahre Weise des innersten Seins *bin* - würdest du mit dem „Okaysein" innerhalb vieler, verschiedener Dimensionen und

Tiefen des „nicht Okayseins" intim bekannt gemacht werden. Du würdest mit einer Tiefe des „Okayseins" innerhalb eines so unglaublichen „nicht Okayseins" bekannt gemacht werden, dass alles, was von dir ausginge, nur strahlendes Licht wäre - das strahlende Licht *wirklichen* „Okayseins". Und dieses Licht des „Okayseins" würde innerhalb jeglicher Art des „nicht Okayseins" leuchten. Nur Lichtträger können wirklich in dunkle Orte hineingehen.

Solltest du volles Erwachen erreichen und dich dann in die Erleuchtung hineinbewegen und solltest du jemanden treffen, der innerlich dunkel ist: trocken, spröde, innerlich krank, extrem „nicht okay" und total hoffnungslos, nicht in der Lage irgendetwas innerlich zu sehen, wärest du dann ohne zu zögern bereit für immer den Platz mit ihm zu tauschen? Oder würdest du zögern und lieber irgendwie wenigstens das erhalten, worin du dich befindest - lieber irgendetwas aufgeben, solange du behalten kannst, was du im Moment hast? Wahres Mitgefühl ist, wenn man ohne zu zögern ganz einfach den Platz tauscht - und dies auf eine Weise tut, dass es gar nichts Wichtiges ist. Es ist nicht einmal ein Opfer. Es ist einfach okay das zu tun. So sieht Liebe aus.

Solltest du mir folgen, ist alles, was ich dich lehren und dir zeigen würde, wie man mitfühlend ist. Zuerst würdest du es *dir selbst* gegenüber lernen und du würdest es durch die Schlichtheit des „Okayseins" lernen. Du würdest lernen, wie du *dein Haupt innerlich niederlegst* - warmherzig und inmitten aller Umstände. Du würdest lernen, wie man ruht, wie man warmherzig inmitten jeder Art von Druck, jeder Art von „nicht Okaysein" im Inneren ruht. Du würdest lernen sanftem Akzeptieren die Freiheit zu lassen, sich in jeden Winkel in dir hineinzubegeben und du würdest dich immer im Einverständnis damit bewegen. Du würdest dich immer fügen. Du würdest dich niemals unter irgendeiner Art von Druck auflehnen oder aufregen. Du würdest niemals innerlich murren. Du würdest niemals innerlich klagen. Die einzige Antwort, die du jemals inmitten jeglicher Art inneren

„nicht Okayseins" hättest, wäre ein einfaches, zartes „Okaysein".

Dann könnte ich dich mehr lehren. Dann könnte ich dich in tiefere Bereiche bringen, in denen die erste Unterweisung innerlich absolut stabilisiert sein müsste, verwurzelt und unbeweglich, sodass dich nichts aus ihr herausholen könnte. *Derartig* wärest du dann einer Seinsweise ergeben, die einfach vollkommenes „Okaysein" ist, in allem, so *wie es ist*. Wenn das einmal feststeht, dann können wir uns in viele Bereiche begeben. Wenn das nicht feststeht, dann wird dies zum ersten Bereich, in den du dich begibst. Dies ist für dich die erste Weise innerlich nachzugeben, bis die wahre Seinsweise alle anderen Seinsweisen - von denen du eigentlich schon immer wusstest, dass sie nie *wirklich* gut genug waren - total und vollkommen ersetzt hat.

Von daher komme ich und das ist der einzige Ort, zu dem ich dich bringen kann: innerlich völlig offen zu werden, ganz am Anfang wahrer Entwicklung, wahrer Bewegung, wahren Fließens zu sein. Dies ist nicht *ein Ort,* den man *erreicht* - dies ist *ein Raum, der sich* in dir *auftun kann*. Dann wärest du in dem Raum der Anfänge.

Wenn sich so ein Raum auftut, so ist es da, wo alles anfangen wird. Es ist da, wo du beginnen wirst zu lernen, wie du dich als Seinswesen bewegst - eine Art der Bewegung, in der es kein Ego gibt. Du wirst lernen dich als ein Seinswesen *zu bewegen*, als ein Seinswesen zu *tun* und selbst das „Sein" zu *tun*. Du wirst lernen, wie man das „Sein" überträgt oder vermittelt, ohne die Persönlichkeit eines anderen zu berühren, ohne das Ego anderer - ihr „nicht Okaysein" - anzutasten. Du wirst lernen, wie man das auf eine Weise tut, bei der nur ihr „Okaysein" tief, tief im Inneren und weit unten berührt wird. Dieses „Okaysein" wird so an die Oberfläche gezogen, dass nur ein zartes, unwiderstehliches Zustimmen dem nachzugeben stattfinden wird. Und das wird diese Person veranlassen, die vermeintliche Gewichtigkeit all dessen hinter sich zu lassen, von dem er oder sie sich erlaubt hat innerlich herumgestoßen zu werden - all das hinter sich zu lassen, was das Leben dieses Menschen so elend gemacht hat.

Du wirst lernen dem keine Energie zu geben, sondern nur dem winzig kleinen Bisschen zu antworten, das in dieser Person berührt wurde... bis es wie ein kleiner Keim zu sprießen beginnt... bis ein Baum des Lebens in ihr zum Vorschein kommt. Es bedeutet zu lernen in jeder Art der Dunkelheit einfach wunderbar zuhause zu sein. Erleuchtung ist eine Frucht warmherzigen Verdunkeltwerdens. Licht kannst du nur an solche dunkle Orte bringen, *in denen* du wirklich ohne Licht *sein* kannst.

Ich würde dich „nach Hause" führen - mitten durch das Allerschlimmste. Dann würdest du erkennen, wie nahe „zuhause" immer war, selbst inmitten des Allerschlimmsten. Das sind die Tiefen, aus denen ich *komme,* um die Menschen *dahin zurückzubringen*, aber auf eine Weise, die so wundervoll okay ist. Das ist die gute Botschaft, die ich bringe.

Wenn du diese Art der Energie einmal hereingelassen hast, kannst du ihre Einprägung nie mehr entfernen. Es ist die einzige Energie, die dein Seinswesen ewig liebt. Es ist die einzige Energie, von der das Ego genau weiß, dass es keine Chance hat. Du wirst erkennen, dass die Tiefe, bis zu der du das Süße dieser Energie hereinlässt, die gleiche Tiefe ist, bis zu der du auch durchdrungen wirst. Dieses Süße hereinzulassen ist die Erlaubnis dich kosten zu lassen, was wahr ist. Das ändert alles, ohne Anstrengung. Eine Tiefe des „Okayseins" - wirklich grundlegenden „Okayscins" - wird sich mit der Süße öffnen. Und dieses „Okaysein", diese wahre, innerste Ruhe wird dir zeigen, wie du inmitten jeder Art durchdringenden Schmerzes okay sein kannst. Es ist genau so leicht im Süßen okay zu sein wie im Durchdrungenwerden. Nur das eine fühlt sich gut an und das andere nicht.

Du hast das „Okaysein" schon ausgeteilt, aber könntest du bitte noch ein wenig mehr davon austeilen und geht es an jeden oder... kann ich jetzt etwas davon haben?

Du brauchst keins. Niemand braucht ein „Okaysein". Du kannst dich bedingungslos damit „okay sein" lassen niemals wieder „okay" zu sein. Das *ist* „Okaysein". Du setzt „Okaysein" mit einem Gefühl gleich und „Okaysein" ist kein Gefühl und es ist kein Gedanke. Es ist der Weg innerer Ehrlichkeit und Hingabe. Es ist *die Seinsweise*, die einfach wahr ist.

Ich habe gehört, was du zu dem Mann da drüben gesagt hast und das klang ziemlich beängstigend.

Indem ich mit ihm sprach, habe ich auch in *dir* die Ehrlichkeit herausgefordert.

In mir? Ich glaubte, dass es notwendig war mit dir ein Gespräch zu führen...

Im Inneren brauchst du gar nichts. Du brauchst nicht mehr zu versuchen je irgendetwas zu *bekommen*. Du kannst es lieben, dass *jemand tatsächlich darin lebt*. Das genügt. Du kannst es schätzen, dass es tatsächlich irgendwo stattfindet. Und das ist genug. Das wäre eine Liebe zur Wahrheit in dir, weil nur die Wahrheit *in* dir die Wahrheit *außerhalb* von dir sehen kann. Es ist nur deine innere Ehrlichkeit, die dich die Wahrheit außerhalb von dir erkennen lässt. Wenn du sie außerhalb von dir siehst und du sie ganz einfach liebst, dann beginnt derselbe Teil in dir belebt zu werden - ohne deine Anstrengung - nur durch deine schlichte innere Ehrlichkeit und Hingabe an das, was diese Ehrlichkeit enthüllt.

Wenn du dich dieser inneren Ehrlichkeit hingibst, wirst du herausfinden, dass du die lebende Wahrheit *außerhalb* von dir liebst und das wird die lebende Wahrheit *in* dir nähren. Dann würde es dir tatsächlich nichts mehr ausmachen *wer* sie bekommt, solange irgendjemand sie bekommt. Sollte jemand lebende Wahrheit in dich fließen lassen oder lebende Wahrheit in deinen Nächsten fließen lassen und du hättest eine schlichte Liebe zur

Wahrheit, so würde es für dich keinen Unterschied bedeuten, wen die Wahl träfe. Du würdest einfach lieben, dass es zum Fließen kam…

Wenn es einem wirklich nichts ausmachen sollte, dass die Wahrheit dem Nächsten zufließt, dann klingt das, als wäre man schon da... zumindest irgendwo auf dem Weg dahin.

Um so zu sein braucht man nur ehrlich zu sein - ganz einfach ehrlich. Dann *könnte* es *keinen* Unterschied machen, wohin die Wahrheit fließt. Es ist nur die Unehrlichkeit, die überhaupt „ich" statt „er" sagen kann. Ehrlichkeit würde sagen: „Bitte lass es fließen, auf *jegliche* Weise, zu *wem* auch immer."

Ist das Erleuchtung oder Erwachen? Vor-Erwachen?

Es ist Vor-Vor-Erwachen. Es ist nur Ehrlichkeit, wirklich schlichte Ehrlichkeit. Und so einer Ehrlichkeit Zugang zu gewähren wird ein Erwachen verursachen.

Das ist nicht, was ich unter dem Begriff Ehrlichkeit verstehe... er enthält auch eine Art Güte oder „Gebefreudigkeit".

Er enthält keine „Gebefreudigkeit". Er bedeutet einfach ehrlich nicht zu wissen, wohin die Wahrheit am besten fließen soll, weil du nicht weißt, für wen sie besser wäre. Wenn du nur einfach innerlich ehrlich bist, wäre die Antwort: „Ich weiß es nicht." Wovon du jedoch ganz *sicher* weißt, dass es gut ist, ist, dass die Wahrheit fließen kann - wohin auch immer und wie auch immer…

Das klingt wie ein wirklich surreales Szenarium.

Aber das ist es nicht. Wenn ich mich mit Menschen

„verbinde", warum würdest *du* „verbunden" sein wollen, wenn *jemand* das bereits ist und wenn du weißt, dass tatsächlich etwas Wahres geschieht? Wenn du dann zutiefst ehrlich wärest, wüsstest du, dass sich dort drüben Wahrheit ereignet und das wäre gut genug. Nur die Tatsache, dass dies geschieht - das würde dir alles bedeuten.

Ich habe die Vorstellung, dass ich... für die Wahrheit, was immer sie sein mag, wie verrückt mit den Händen winken muss, um deine Aufmerksamkeit zu bekommen. Es ist mein Bemühen meine Aufnahmefähigkeit in die Wege zu leiten, auch wenn ich noch nicht völlig aufnahmebereit bin. Ich muss mich, zum Beispiel, bemühen hierherzukommen, um dich zu sehen, denn ich könnte sonst zuhause bleiben und sagen: „Wie schön, dass es ein paar hundert Menschen im Royal National Hotel gibt... und dass die von der Wahrheit erfüllt werden. Großartig - ich bleibe zuhause und schaue mir die Fernsehsendung Coronation Street an..."

Und das wäre wirklich gut, weil es ein Auflösen deiner emotionalen Bindung bedeuten würde, das *bekommen zu müssen*, was andere hier erhalten. Und dann wäre der Grund, warum du kommen würdest, nur weil du *innerlich hergezogen wirst.* Es wäre weder eine mentale noch eine emotionale Anziehung, sondern die winzigste *Anziehung des Seins* und für dich wäre das genug, um zu kommen. Das wäre der einzig gute, wirkliche Grund zu kommen. Alle anderen Gründe sind nur emotional oder mental. Sie sind Gründe, aber keine guten.

Ich habe dich Montag Abend gesehen und dachte: „Hier komme ich nicht noch einmal her, um dich wiederzusehen, das habe ich schon gehört." Und ich wachte Dienstag Morgen auf und hatte das Gefühl: „Nein, ich gehe doch zurück" und ich fühlte mich anders als sonst. Ich bin mir aber nicht sicher, ob ich weiß, wovon du eigentlich redest, was du beschreibst, ob ich es erlebe und...

was es genau ist.

Da ist eine Anziehung des Seins in dir, die ich spüre, während ich dich *innerlich erkenne.*

Und ist es diese Anziehung, die mich hierher gebracht hat?

Sie ist gemischt.

Was ist die andere?

Sie ist emotional und mental, aber dieser Teil der Anziehung bedeutet nichts. Es ist die Anziehung des inneren Wesens, welche dich auf *wirkliche Weise* hierher bringt. Selbst wenn sie mit den anderen vermischt ist, ist sie dennoch eine echte Anziehung, nur ist sie von anderen Anziehungskräften umgeben... das macht sie nur teilweise illegitim.

Wie kann ich diese winzigste Anziehung, die du beschreibst, fühlen? Wie kann ich wissen, wovon du sprichst?

Das brauchst du nicht. Wenn du innerlich ehrlich bist und nichts zu verstehen scheinst, dann macht das nichts. Du kannst innerlich ruhen ohne zu verstehen. Das Einzige, was Bedeutung hat, ist, dass du etwas isolieren kannst, das du wirklich innerlich *weißt.* Und dem kannst du dich hingeben. Du kannst dich dem hingeben, von dem du *weißt,* dass es wahr ist.

Dieses Spiel: „Was ich weiß, das wahr ist", kommt mir ein wenig sinnlos vor..

Was hast du, hast du wirklich, wirklich als wahr *erkannt:* innerlich an etwas festzuhalten oder es innerlich loszulassen? Welche hast du als die *lebende Wahrheit* erkannt: an der Bitterkeit festzuhalten oder sanft zu werden und dich zu öffnen? Jedesmal wenn du innerlich verbittert bist, ist da immer eine Regung des Seins, eine sehr zarte Regung, die dich dort findet, wo du in dieser Bitterkeit bist. Sie zieht dich, lockt dich und umwirbt dich das loszulassen, woran du festhaltst.

Ich sehe da zweierlei: einerseits bin ich erleichtert, wenn die Bitterkeit verschwindet, aber ich stelle fest, ich kann sie zurückholen und mich gerechtfertigt fühlen über etwas verbittert zu sein.

Was wäre, wenn du innerlich ruhig und sanft werden würdest? Dann würde dieser Weg enden und anstatt etwas zu *rechtfertigen*, würdest du etwas *loslassen*. Das ist eine lebende Wahrheit: sie ist dieselbe für dich wie für jeden anderen. Sie ist absolut - ein lebendes Absolutes und sie regt sich fortwährend im Inneren eines jeden Menschen. Es gibt nur eine *lebende* Seinsweise, nur eine Art der Seinsweise, die *wirklich* lebt und *wirklich* wahr ist. Alle anderen Arten zu sein müssen begründet, unterstützt, zusammengehalten, verteidigt und geschützt werden. Jede andere Art zu sein erfordert ein gewisses Maß an Unehrlichkeit.

Ich habe das Gefühl, ich sollte weder Schadenersatz verlangen noch in einen Rechtsfall verwickelt sein. Stimmt das... ist es das, wovon du sprichst?

Du kannst auf einem *äußeren* Recht bestehen und etwas aus oberflächlichen Gründen nach außenhin rechtfertigen, aber *innerlich* würdest du das nicht tun. Solltest du einen Prozess führen, würdest du das auf eine leichte Weise tun, ohne *innerlich* auf dein Recht zu pochen. Es würde mit einer inneren Offenheit, Sanftheit und Ruhe getan werden, in der es für dich wirklich keinen Unterschied machen würde, wie das Resultat ausfiele... das eine wie das andere wäre okay.

Manchmal fängt es wirklich leicht an und dann wird es wirklich ernsthaft und intensiv.

In dem Moment, in dem es *innerlich* ernst und gezwungen wird, bist du auch *äußerlich* so viel besser dran, wenn du es einfach loslässt. Wenn du innerlich verschlossen und hart werden musst, um äußerlich etwas zu erreichen, dann ist es das nicht wert, was immer du erreichst oder tust.

Das ist schwer zu akzeptieren.

Es ist eine *lebende Wahrheit*. Es ist etwas, von dem du weißt - wenn du innerlich ehrlich bist - dass es wahr ist und dass es auch tatsächlich wirklich gut ist. Wenn du innerlich wunderbar sanft und offen bleiben kannst, dann kannst du mit allem, was außerhalb von dir ist, umgehen wie immer du möchtest, solange du dich deswegen nicht verschließen und verhärten musst. Wenn du sanft und offen bleibst, kannst du dich verhalten wie du willst - es wäre egal was du tust. Niemals ist es wert sich innerlich zu verschließen und hart zu werden, um etwas außerhalb von dir zu erreichen. Wenn du so etwas wie Erleuchtung erreichen könntest und alles was du innerlich tun müsstest, wäre dich zu verschließen und zu verhärten, um sie zu erlangen, dann wäre deine Erleuchtung ein totaler Verlust und ein totaler Ruin.

Willst du damit sagen, dass es so geschehen könnte oder sagst du nur, wenn es so geschehen sollte, wäre das der Ruin?

Wenn du Erleuchtung oder irgendetwas von *wahrem* Wert erreichen oder erlangen könntest, indem du an etwas festhältst, wäre das der völlige Ruin. Und doch versuchst du es immerzu auf diese Weise zu tun. Wenn du einfach in dein innerstes Wesen hineinreichen könntest und all das, was so gut und so perfekt ist, an die Oberfläche holen könntest, dann würdest du es nehmen und über dein ganzes Leben verteilen, um dein Leben richtig schön zu machen... und deshalb hat niemand Zugang nach innen, wenn dort Unehrlichkeit ist.

Wenn die Unehrlichkeit Zugang zum Innersten haben könnte, so würden sich die Menschen bis in ihr Innerstes hinein korrumpieren, wohingegen sie - so wie es ist - nur das Äußere verderben können. Das Innerste ist nicht zu korrumpieren. Sobald etwas im Äußersten des Bewusstseins korrupt wird, ist dieser Teil des Bewusstseins unfähig nach innen zu gelangen. Und das ist gut so.

Hast du gesagt, dass es gut ist, wenn das Bewusstsein nicht nach innen gelangen kann?

Für ein äußeres Bewusstsein, das gegenwärtig gestört, verzerrt oder korrupt ist, ist es wirklich gut, dass es nicht ins Innerste hineinreichen kann. Da gibt es keinen Zugang zum Inneren. Sobald diese äußere Verzerrung des Bewusstseins sich selbst ehrlich sein lässt und erlaubt sich wieder zu „entzerren" und zu „entspannen", bis sie zu einer ursprünglichen Seinsweise zurückgekehrt ist, dann kann das äußerste Bewusstsein leicht geradewegs hineinreichen. Dann aber wäre der einzige Grund, warum es unmittelbar hineinreichen würde, sich einfach dem Innersten hinzugeben ohne etwas bekommen zu müssen. Das Äußerste würde erkennen, dass das Innerste von höherem Wert ist.

Das äußerste Bewusstsein würde sich an das Innerste verschenken und das würde dem Innersten erlauben sich in das Äußerste zu bewegen und zu fließen. Ein Austausch des Fließens wäre die Folge. Die zwei würden eins werden. Die zwei würden in eins integriert werden. Und schließlich gäbe es kein Innerstes und kein Äußerstes mehr. Einmal vereint, würden die beiden dasselbe werden, sie würden zu einem vereinten Ganzen werden.

Hat dies irgendetwas mit Gewissen zu tun?

Das ist etwas, dem du niemals nachgehen solltest. Deinem Gewissen zu folgen ist ein sicherer Weg von der Wahrheit abzukommen. Dein Gewissen wird dir nie zeigen, was wahr ist. Dein Gewissen wird dir nur zeigen, was man dir als Wahrheit *beigebracht* hat, wovon du *denkst,* dass es wahr ist, was die *Gesellschaft* für *wahr hält* und was sich als *Muster* in dir als wahr *eingegraben* hat. Es gibt viele Ebenen des Gewissens und alle sind in unterschiedlichem Maße nutzlos, außer der tiefsten: eine Form des Gewissens, die nur unterscheidet, ob du tatsächlich bis in den Kern *ehrlich* bist oder ob du tatsächlich bis in den Kern *unehrlich* bist. Diese tiefste Form ist der eigentliche Ursprung des Gewissens und geht allen Ebenen eines trainierten Gewissens voraus. Sie ist die allerkleinste, winzigste Wurzel... sie wird dir nur sagen, ob deine innerste, fundamentale Seinsweise ehrlich oder unehrlich ist.

Je weiter du auf der Leiter des Gewissens kletterst, umso wertloser wird es. Je höher du dich in eine von Mustern geprägte Form des Gewissens bewegst, umso lächerlicher ist es - du kannst sogar ein schlechtes Gewissen haben, weil du dir morgens nach dem Aufstehen nicht das Gesicht gewaschen hast, wenn man dir das beigebracht hat! Auch das ist noch Gewissen, aber es ist wertlos. Diese Art des Gewissens ist ein Werturteil und du kannst auf lächerliche Werturteile hin trainiert oder konditioniert werden.

Tatsächlich hast du eine erstaunliche Fähigkeit zu *wahrem* Werturteil, du musst allerdings ganz hinunter bis zur allertiefsten Wurzel gehen - zum tiefsten Ursprung deiner Fähigkeit - um Werte zu beurteilen, um ein wahres Werturteil zu fällen. Und das einzig wirkliche und wahre Werturteil, welches du überhaupt fällen kannst, ist, dass grundsätzliche Ehrlichkeit wertvoll und wahr ist und jegliche Art grundsätzlicher Unehrlichkeit wertlos ist - sie ist unwahr.

Wir begeben uns nicht gerne zu dieser feinen, lebenden Wurzel der Ehrlichkeit des Gewissens. Wir klettern lieber ein paar Stufen höher, um uns etwas zu geben, womit wir in unseren

Gewissen spielen können. Wir mögen es beschwichtigt zu werden und rechtfertigen uns, indem wir sagen, dass wir „unser Bestes versuchen" oder, dass wir „an etwas arbeiten". Aber all das bedeutet wirklich nichts, weil der Blickpunkt nicht innerhalb des einzigen Bereiches liegt, wo es wirklich zählt. Er liegt irgendwo weiter oben, wo es nicht wirklich eine Rolle spielt.

Ich glaube nicht, dass ich von hier weggehen kann mit dem Verständnis, was das ist und wie man ehrlich ist.

Ehrlichkeit ist nur eine wahre Neigung deines Seins. Unehrlichkeit heißt dich an etwas hinzugeben, das bloß ein Gedanke, ein Gefühl, eine Intuition oder ein Wunsch ist, in dem Bemühen dich innerlich behaglich oder glücklich zu machen. Es gibt eine wahre Neigung des Seins, die sehr zerbrechlich, sehr sensibel und schwach ist. Sie wird nie Druck ausüben, sich niemals aufdrängen, aber sie gibt immer einen feinen, wahren Hinweis, dass du es nicht *brauchst* es bequem zu haben und es nicht *brauchst* glücklich zu sein. Sie spricht stets zu dir durch eine sehr feine, zarte „Berührung" und mit einer sanften Stimme: „Alles, was für dich gegenwärtig nicht okay ist - in deinen Gedanken und Gefühlen, in deiner Intuition, in deinem Körper und in deinem Willen - ist im Inneren wirklich okay... du kannst es ganz leicht und sanft loslassen".

VI

Bristol, England - 24. November 1998

ZARTE EHRLICHKEIT IST EIN ALLHEILMITTEL

Du bist Bewusstsein.
Du besitzst eine volles Spektrum des Bewusstseins.
Was dir innewohnt
ist die größte Kraft im Universum:
du kannst wählen.

Niemand wählt für dich -
du darfst wählen.
Du darfst deinem Innersten treu sein

oder du darfst dem treu sein,
von dem du *willst*,
dass es wahr ist,
von dem du *brauchst*,
dass es wahr ist.

Du darfst
deine *eigene* Wahrheit wählen
oder du kannst dich
der *einzigen* Wahrheit hingeben.

Die größte Kraft
im Universum
ist in *dir.*
Es liegt alles in dir.

Dieses Kapitel beinhaltet Dialoge zwischen John und seinen Zuhörern in Bristol, England - 24. November 1998.

Frage: In diesem Jahr zerbrach meine Ehe. Erst als wir getrennt waren, wurden mir plötzlich die Gefühllosigkeit und der Schock vor Augen geführt und das Leiden, welches ich meiner Umwelt verursache. Ich versuche meine Rolle innerhalb dieser Ehe zu verstehen und innerhalb der letzten sechs Monate. Ist da etwas, das ich tun oder sein soll... ich weiß es nicht. Ich weiß nicht einmal, ob ich überhaupt diese Ehe fortsetzen soll.

John: Das Ende deiner Ehe oder der Zustand, in dem sie sich zur Zeit befindet, reflektiert eigentlich den Kern, den wahren Kern, wie du deine Ehe *begonnen hast.*

Wir heirateten, weil ich schwanger war.

Abgesehen davon - das hat nichts damit zu tun. Das ist äußerlich, das ist oberflächlich. Das hat keine wirklich tiefe Bedeutung. Du gingst diese Ehe für *dich* ein. Das ist es, was sie ruinierte, denn die Ehe ist nicht für *dich.* Die Ehe ist für dein innerstes Sein: damit die lebende Essenz der Wahrheit einen Platz hat sich mit einem anderen Wesen gemeinsam auszudrücken... für die *Wahrheit*, nicht für *dich.*

Es ist unwichtig, wie du eine Ehe beginnst: wie unglaublich verliebt du bist, wie verbunden du bist, wie perfekt es ist, wie gut es funktioniert, wie gut ihr zueinander passt. All das hat wenig Bedeutung. Es wird nicht bleiben, denn *du* wirst es ruinieren. Wenn du verliebt bist, ist alles so gut, so harmonisch und da ist so vieles vorhanden, das dich glücklich macht - du hast alles gefunden, wonach du jemals Ausschau gehalten hast. Aber wenn du das alles für *dich* entdeckst... fällt die Ehe bereits auseinander. Mit der Zeit wird dir klar, wie tief wahr das ist. Die Art, wie die Ehe endet, zeigt, wie du sie wirklich begonnen hast.

Wenn du eine unvorstellbar schlechte Ehe haben solltest, wäre das ein guter Start. Das wäre ein wirklich wunderbarer Anfang, denn alles, was du dann sehen könntest, wäre wirklich, *so wie es ist*. Du würdest all *dein* Wollen und *dein* Brauchen nicht befriedigt sehen. Du würdest erkennen, dass deine Gedanken, Gefühle und Hoffnungen, wie eine Ehe sein soll, überhaupt nicht dem entsprechen, was vorhanden ist. Und indem du das erkennst, würdest du auf der Schwelle der Erkenntnis stehen, worum es sich bei einer *wirklichen* Ehe handelt…

Wenn du mit einer wirklich wunderbaren Ehe anfängst, einer netten Ehe, einer guten Ehe, dann lebst du in der Illusion, dass sie *tatsächlich* gut ist, dass sie *wirklich* befriedigt, dass es da etwas *Wirkliches* gibt… aber das stimmt nicht. Wenn das „Gute", das du siehst, zu deinem *eigenen* Glück gereicht, dann sind deine Augen dem gegenüber verschlossen, was *wirklich* vorhanden ist. Du siehst nur die *oberflächlichste* Befriedigung *deiner* Wünsche und *deiner* Bedürfnisse. Die Wahrheit dieser Ehe ist noch nicht als Bewusstsein realisiert worden, denn das *Innerste* des Bewusstseins ist nicht angesprochen worden. Du als Bewusstsein bist diese Ehe nicht für die Wahrheit eingegangen. Du als Bewusstsein hast die Ehe nur für dich verstanden.

Ist eine Ehe von Anfang an schlecht, sind deine Augen offen und du kannst sehen. Das ist ein wunderbarer Beginn einer Ehe, denn alles, was du tun musst, ist, nur ein sehr zartes „Okaysein" hereinzulassen. Lass die Ehe sein, *wie sie ist*, sodass sie sich nie für dich zu ändern *braucht*, sie sich aber ändern *kann*; dass du dich in dieser Ehe *ruhen* lässt - so wie sie ist - ohne dass sie jemals repariert werden muss; dass du in Milde und Zärtlichkeit wunderbar okay sein wirst einfach in dieser Ehe zu *sein* und dass sie überhaupt nicht für das *Du* bestimmt ist, mit dem du vertraut bist. Willst du in der Ehe sein, nur für das tief in dir liegende „Okaysein", *nur* damit dieses wirklich lebende „Okaysein" einen Raum hat sich direkt, von deinem Innersten ausgehend, durch dich hindurch auszudrücken? Wirst du der innersten Ruhe erlauben, sich in dieser schlechten Ehe zu zeigen und einfach in ihr zu *sein*?

Der einzige Wert einer Ehe besteht darin, dass du mit ihr *so* okay bist - *wie sie ist.* Wenn du mit deiner Ehe *so* okay bist - wie sie ist - dann wirst du deinen Ehemann *ebenso* akzeptieren. Für dich braucht sich dann an ihm niemals etwas zu ändern - er ist okay, wie er ist. Es wird dein Herz *erwärmen*, dass er sich wirklich nicht zu ändern braucht.

Um deine Seinsweise aus einem „nicht Okaysein" in ein „Okaysein" zu verwandeln und zu transformieren, würde sich ein Fluss aus deinem Inneren durch dich hinausbewegen. Es wäre eine Energie, die nichts *Greifendes* in sich hat, die nichts *bekommen* will. Da gäbe es kein Greifen, kein Bekommen. Sie wäre eine Energie der Ruhe, des „Okayseins" und des Akzeptierens, die nur strömt, um okay zu sein. Sie würde alles mit sanfter Ruhe, Bejahung und „Okaysein" berühren. Alles, was sie berührt, würde heilen, ganz ohne Anstrengung.

Deinem Ehemann würde das eine von zwei Möglichkeiten bieten: es würde eine unglaubliche Anziehung für ihn verursachen, um der Antwort seines eigenen Seins auf diese Art der Energie in dir entgegenzukommen. Er würde dieser inneren Antwort in sich selbst entgegenkommen wollen und sich ihr völlig hingeben, weil sie so unwiderstehlich ist, so gut. Sie ist alles, wonach er schon immer aufrichtig gesucht hat. Oder er würde sich verhärten, weil er sich weigert mit solch einer Energie zu leben. Er würde darauf bestehen äußerst „nicht okay" zu sein und sich keinesfalls beugen. Und dann würde er noch unzufriedener werden... oder er würde ganz fortgehen.

Du hast die *beste* Ehe mit der man beginnen kann. Du brauchst nicht mehr für *dich* in dieser Ehe zu sein - um glücklich zu sein, um bequem zu leben, um dich gut zu fühlen, um zu bekommen, was du willst, um geliebt zu werden. Du brauchst überhaupt nichts davon. Du brauchst nicht geliebt zu werden, weil du mit deinem Partner okay sein kannst - *so wie* er ist. Er braucht dich nicht zu lieben, nicht um *deinetwillen*. Du kannst mit seiner Liebe okay sein, du kannst ohne seine Liebe genau so okay sein.

Damit keine Präferenz entsteht, würdest du in einem Zustand der Unschuld leben. Du würdest weder das eine noch das andere wählen, dich weder um das eine noch um das andere bemühen. Und weil du nicht wählen, nicht vorziehen und dich nicht bemühen würdest, wärest du in einer *wahren Seinsweise* gleichermaßen *gegenwärtig,* egal ob er dich liebt oder nicht. Es gäbe nichts in dir, was er „berühren" oder greifen könnte. Die Knöpfe, die er drücken könnte, wären verschwunden. Das Einzige, was er möglicherweise in dir berühren könnte, wären Unschuld, Reinheit und Okaysein.

Mit ihm einen Schritt in eine sexuelle Beziehung zu machen würde einen ziemlichen Sprung bedeuten.

Wenn du *derart* okay bist, würde das ein völlig anderes Fließen der sexuellen Energie verursachen. Statt dass sich nur Chemie und Hormone rühren, würde sich deine *innerste Essenz* durch dein *Sein* und deine Sexualität bewegen. Diese Essenz der lebenden Wahrheit - von deinem innersten Bewusstsein herkommend - würde Offenherzigkeit und Sanftmut hervorrufen. Sie würde Neues hervorrufen. Es gäbe dann kein Interesse etwas zu *bekommen.* Es gäbe dann keinen inneren Widerstand, keinen Versuch irgendetwas von sich fern zu halten. Es gäbe nur ein Fließen der Unschuld und eines zarten „Okayseins" durch die Sexualität, ein heilendes Fließen durch die Sexualität. Sexualität gibt es, damit sich diese Tiefe des „Okayseins" in dir Ausdruck verleihen kann. Sexualität ist nicht für das Du, mit dem du dich durch dein Denken und Fühlen identifizierst.

Je mehr du versuchst die Sexualität für *dich* selbst in Anspruch zu nehmen, desto unbefriedigender wird sie. Je großartiger die Erfahrungen an der Oberfläche sind, desto weniger befriedigend werden sie wirklich, wirklich tief im Inneren sein, in der Stille des innersten Bewusstseins. Sexualitat in der Ehe ist für die lebende Wahrheit: damit die innerste Essenz in dir als Bewusstsein einen Raum hat sich auszudrücken, einen Raum sich dort zu manifestieren. Sie ist für dein *wahres* Du. Sie ist nicht für das *Du,* das du gewohnt bist. Sie ist für dein innerstes Sein. Und dein *ganzes Leben* ist für dein Sein. Nichts davon ist für dich.

Nun hast du endlich einen wirklich wunderbaren Start in der Ehe. Aufgrund dieser Energie wird dich dein Ehemann entweder wirklich verachten und sogar verlassen, um sich vor deiner inneren Zartheit zu schützen, die ihn neu belebt und ihn mit derselben Zartheit in sich selbst wieder vertraut macht. Oder er wird dich wirklich lieben - nicht *deinetwegen*, sondern weil da etwas aus dir strömt, das er kennt, etwas so Neues und so Reines, das genau denselben Raum, dieselbe Seinsweise in ihm berührt. Und dann kommt es zu einer Vereinigung und einer Verschmelzung des Seins zwischen dir und deinem Ehemann. Keiner von euch wird das für sich selbst missbrauchen. Du wirst es nicht für *dich* behalten. Du wirst es an den Ort, von dem es kam, zurückgeben - indem du einfach in derselben Seinsweise *darin bist* - durch Offenheit und Hingabe.

Eigentlich ist da nichts, was ich wirklich sagen oder erzwingen kann, um die Lage zu verändern - es handelt sich mehr um die Frage, was denn eigentlich mit mir los ist. Mein Mann meinte, ich müsste meine Herzenseinstellung ändern, damit es wieder geht und ich antwortete, dass ich nicht wüsste, wie sich die Dinge in den nächsten Monaten entwickeln würden...

Jetzt weißt du es. Du als dein Herz oder als Bewusstsein kannst in dein Inneres einkehren und mit allem, was du dort findest, das nicht okay ist, endlich zur Ruhe kommen. Es ist so einfach dein ganzes Herz zu ändern. Versuchst du jedoch nur einen kleinen *Teil* deines Herzens zu verändern - um etwas innerlich okay zu machen, während der Rest in einem Zustand des „nicht Okayseins" lebt - dann wird dieser Rest es niemals zulassen, dass du das Einzige hereinlässt, was ihn ruinieren wird. Du wirst innerlich zerrissen und es wird keine Ruhe geben.

Wenn dein ganzes Herz das „Okaysein" hereinlässt, indem es der innersten Ruhe erlaubt in jeden Winkel im Inneren zu gehen, zu jeder Art von Struktur und Bindung und ihr erlaubt einfach diese Ruhe zu *sein*, überall in dir, dann ist es so leicht dein Herz zu ändern. Das wird ganz von selbst geschehen. Es ist ein sehr simples Heilen. Es heißt so zu leben, dass man innerlich offen und weichherzig bleibt, in allem, was einem Schmerz verursacht oder was man äußerlich nicht begreifen kann. Und du kannst in dieser Seinsweise verbleiben, in dieser innersten Ruhe, welche all dein Urteilen liebevoll entwaffnet sowie dein Absichern all dessen, woran du festhältst.

Wo im Inneren schlichtes „Okaysein" ist, gibt es kein Urteilen. Die Liebe zeigt sich… eine Liebe, die bedingungslos ist, die kein Ende hat - eine Liebe, die nicht herausgefordert werden kann. Wie tief du auch in sie eintauchst, du könntest ihr Ende niemals erreichen. Es ist eine Liebe, die keine Grenzen kennt. Es gibt keine Grenzen des Nicht-Akzeptierens. Und sollte Druck entstehen, würdest du dem immer Einlass gewähren und damit ruhen - im Inneren. Es wäre dein größter Schatz mit absolut allem warmherzig okay sein zu *dürfen*.

Das ist dein lebendiger Schatz. Das ist etwas, das direkt aus deinem Innersten strömt und *du* darfst dich dem hingeben. Nichts kann dich zurückhalten dich dem hinzugeben. Du kannst auf diese Weise leben, egal wie unbequem oder wie „nicht okay" es ist. Nichts kann dich davon abhalten dich an dein Innerstes hinzugeben und dein Innerstes *deinen* gesamten Raum durchströmen und einnehmen zu lassen. Es kann dein ganzes Leben haben: deine Ehe, deine Kinder, deine Freunde, alle deine Möglichkeiten - es kann deine gesamte Zukunft haben.

Und dein größtes Entzücken wird sein, dass dieses

„Okaysein" *dich* haben darf: dass *du dafür* leben darfst, anstatt nach „Okaysein" zu suchen, um es für dich selbst, für ein „Wohlfühlen" zu haben. Es ist so leicht und es ist so einfach, solange du *dich* aus der Gleichung herauslässt. Lass jegliches Anliegen draußen und lass Offenheit und Sanftmut herein. Du wirst innerlich so klar sein, wie du es als kleines Baby warst und der gleiche, reine, unschuldige, nährende Fluss wird sich in Bewegung setzen. Einmal warst du genau so. Du hast dich da *herausgearbeitet* und es ist wirklich leicht dich nur einfach wieder hereingleiten zu *lassen*. Eine schlechte Ehe ist eine wunderbare Ehe - in ihr kommt das winzigste Bisschen innerster Essenz zum strahlenden Leuchten.

Alle unsere Oberflächenkörper scheinen so lange überflüßig zu sein, bis wir uns in einem Zustand der Erleuchtung befinden, in dem sie gebraucht werden können, um das „reine Sein" in die physische Welt auszudehnen und auszubreiten. Es scheint fast eine Grausamkeit der Natur oder Gottes zu sein - wer auch immer diese physische Form mit allen ihren Oberflächenkörpern geschaffen hat - etwas zu erschaffen, das uns im Wege stehen wird, um im „reinen Sein" zu verweilen.

Nichts steht deinem „reinen Sein" im Wege. Deine Oberflächenkörper oder Vehikel sind in ihrem gegenwärtigen Zustand mit all ihren Funktionsstörungen deine nächstliegenden *Möglichkeiten* für ein Verweilen im „reinen Sein". Deine Oberflächenkörper sind dir, in Form, am nächsten, damit du als Bewusstsein in ihnen wohnst.

Um mit deinem gestörten emotionalen Gemüt okay zu sein - so wie es gegenwärtig ist, ohne es je ändern zu müssen - hättest du dann als Bewusstsein etwas, in dem du in einer Seinsweise wohnen kannst, die aus deinem Innersten stammt, in einer Seinsweise, die wahr ist. Du als Bewusstsein *darfst* zärtlich in etwas „okay" *sein*, das sich nicht okay *anfühlt*.

Grausamkeit entsteht einzig dann, wenn das Bewusstsein Unehrlichkeit hereinlässt: wenn das Bewusstsein auf eine Seinsweise funktioniert, von der es wirklich weiß, dass sie nicht wahr ist. Das ist die einzig wirkliche Grausamkeit, die existiert. Jede andere Grausamkeit, die wir in Form erkennen, ist nur das Resultat dieser einen.

Ich dachte speziell an den Intellekt. Wenn einer, der intellektuell ist, völlig in einen Geistesbereich geht, wo er rationalisiert...

Das ist kein Intellektueller, das ist ein Pseudo-Intellektueller.

Ich glaube, dass es für so einen Menschen sehr viel schwieriger ist okay zu sein, da er oder sie sich leicht in Hirngespinsten verlieren könnte.

Nicht, wenn dieser Mensch ehrlich ist. Ehrlichkeit verhindert das sofort. Ehrlichkeit ist das Messer der Wirklichkeit, das durch alles Unwahre schneidet. Es gibt nichts, durch das die Ehrlichkeit nicht dringen, geradewegs hindurchgehen und es okay machen kann. Ehrlichkeit des Seins ist wahre Schmerzlinderung für den mentalen Körper. Ehrlichkeit des Seins ist wahre Schmerzlinderung für den emotionalen Körper, denn sie bringt schlichte, warme, innerste Ruhe.

Schmerz ist nur der „Auflöser" der Spannung. Lass „Okaysein" oder innerste Ruhe in den mentalen Körper herein. Das wird sofort eine Ausgeglichenheit hervorrufen, die sich im gesamten mentalen Körper ausbreitet, bis dieser schließlich geheilt wird, ganz wird. Dann wird es so etwas wie ein großes Problem nicht geben. Such dir irgendwo ein Problem und lass nur ein bisschen Ehrlichkeit herein, dann wird es kein Problem mehr geben… es wird etwas sein, das warmherzig okay ist.

Was du lehrst, reflektiert, was der Buddha lehrte, nämlich das totale Akzeptieren von dem, was ist. Er sagte jedoch, dass wir durch Meditieren und durch die Erfahrung eines tiefen „Okayseins" - von der du sprichst - erleuchtet werden. Warum sagst du dann „Nein" zum Meditieren?

Wie *weißt* du, dass der Buddha das sagte? Warum *glauben*, dass er das sagte?

Warum glauben, dass du erleuchtet bist?

Du brauchst nicht zu glauben, dass ich erleuchtet bin. Du brauchst nur dem allerkleinsten Bisschen in dir selbst zu glauben, von dem du ehrlich und wirklich *weißt*, dass es wahr ist. Dem kannst du glauben. Und sollte das, was ich sage, zufällig dieses Wissen in dir „berühren", dann kannst du dieser Berührung glauben, denn sie bringt das in Bewegung, was du bereits in deinem Inneren weißt. Es hat keinen Sinn mir einen Gefallen zu erweisen.

Etwas in mir wird berührt, aber ich leiste Widerstand. Ich leiste jemandem Widerstand, von dem ich das Gefühl habe, dass er von sich behauptet die Wahrheit widerzuspiegeln. Meiner Meinung nach reflektierst du eine Wahrheit. *Ich stimme überein, wenn du sagst, dies ist* ein Weg, eine Wahrheit, *aber nicht, wenn du sagst, dies ist* die Wahrheit.

Nur Ehrlichkeit kennt *die Wahrheit.* Unehrlichkeit enthält viele Wahrheiten und keine von ihnen funktioniert. Es gibt nur eine *lebende Seinsweise* und die ist für jeden genau dieselbe. Nur eine Seinsweise repräsentiert das innerste Bewusstsein - dein innerstes Sein und *diese* lebende Seinsweise ist dieselbe, absolute, lebende Wahrheit für jeden anderen.

Wäre es nicht möglich, dass es verschiedene Seinsweisen gibt, um in dieser lebenden Wahrheit zu sein, um in diese lebende Wahrheit zu kommen?

In Bezug auf die Seinsweise *im Inneren,* da gibt es nur einen Weg.

Eigentlich meine ich eher, wie man dahin gelangt. Meditiere ich oder soll ich es sein lassen? Soll ich lesen oder nicht?

Warum lässt du nicht eine vollkommene und totale Ehrlichkeit dir die Antwort geben, anstatt diese Frage von deinem Verstand beantworten zu lassen? Dein mentales Vehikel wird dir nur das wiedergeben, was du bereits im Hinblick auf das, was wahr sein soll, in dein *Wollen* und *Brauchen* investiert hast. Wenn nur das geringste Maß an Unehrlichkeit in dir vorhanden ist, wird dein Verstand das unterstützen. Er wird niemals Ehrlichkeit unterstützen, er wird niemals Wahrheit unterstützen. Dein Verstand wird nur dann Ehrlichkeit und Wahrheit unterstützen, wenn du dich als Bewusstsein einfach ehrlich sein *lässt*, durch den Verstand hindurch und alle deine Oberflächenvehikel - um jeden Preis.

Ich verstehe nicht, was das bedeutet.

Wenn du an einem inneren Ort der Sanftmut und Stille bist, was *weißt* du dann wirklich über Meditation?

Ich weiß nicht...

Wie kannst du dann meditieren?

Wenn ich meditiere, erlebe ich ein Akzeptieren und ich kann das in mein Leben bringen. Ich erlebe „Okaysein".

Dann war die Meditation wie ein Vehikel - es war zufällig das, worin du dich befunden hast, als du mit deinem Innersten in Berührung kamst. Aber es war nicht die Meditation, die das „Okaysein" hervorrief. Was dieses Okaysein tatsächlich hervorrief, war, dass du dein Innerstes durch Ehrlichkeit berührtest, *während* du meditiert hast. In dem Moment, in dem Ehrlichkeit dir erlaubt das Innerste zu berühren, kannst du sofort deine Bindung an die Meditation loslassen und weiterhin durch das Tor gehen, durch das du kamst als du gerade meditiertest. Mit dem Meditieren fortzufahren ist wie *an dem* Tor stehen zu bleiben. Du brauchst das Tor nicht, du brauchst nur hindurchzugehen.

Es scheint mir, dass die Meditation wie ein Seinszustand ist, wie das reine Sein, von dem du sprachst.

Wenn die Meditation ein *Seinszustand* ist, warum sollte man dann die Meditation mit Techniken für den Verstand verbinden? Warum sollte man diese miteinbeziehen? Insofern die Meditation eine Technik ist, kannst du sie dann loslassen.

Ich kann akzeptieren nicht an sie gebunden zu sein. Ich kann jedoch nicht akzeptieren, dass sie nicht nützlich ist.

Alles ist nützlich: Meditation, ein Buch lesen, spazierengehen, einen Film ansehen - alles, was du möglicherweise in diesem Leben tun kannst, ist nützlich. Wenn Ehrlichkeit im Inneren vorhanden ist, dann wird dich etwas innerlich durchdringen oder bewegen, sogar wenn du einen Film siehst. Auf Grund deiner Ehrlichkeit wird sich dein eigenes, innerstes Sein allmählich öffnen und zu fließen beginnen, *während* du den Film anschaust.

Jegliche Aktivität ist nützlich, insofern sie der Ehrlichkeit eine Möglichkeit bietet *darin zu sein*, anstatt ein Mittel für dich zu sein, um *etwas zu bekommen*. Der einzig wirkliche Wert liegt in der *Art* in dieser Aktivität *zu sein*, nicht in der Aktivität selbst.

Und als du davon sprachst kein Ego zu haben, meintest du, dass du keinen Schmerz erfährst und keine Reaktionen hast? Was meintest du damit?

Ohne Ego zu sein bedeutet auf eine *Art* zu leben, in der keine Unehrlichkeit eine persönliche Absicht entstehen lässt.

Wenn du Absicht sagst, bedeutet das etwas haben wollen?

Eine Absicht bedeutet von einem Standpunkt des Wollens und Brauchens zu leben. Es bedeutet von einem Standpunkt des nicht Akzeptierens, von einem Standpunkt des „nicht Okayseins" zu leben. Das Ego entsteht nur aus „nicht Okaysein". Dort findet es seinen Ursprung. Das Ego wird nur „nicht Okaysein" repräsentieren. Es kann nur das repräsentieren, woraus es kam. Es kann nur seinen eigenen Ursprung repräsentieren. Wenn du nicht mehr in dem Ursprung lebst, aus dem das Ego kam, dann kann das Einzige, was leben kann, nur aus einem anderen Ursprung kommen. Wenn dieser Ursprung die Wahrheit ist und sich dein gesamtes Du als Bewusstsein von diesem Ursprung herbewegt und für diesen Ursprung lebt, dann gibt es kein Ego.

Kannst du das auf eine andere Art sagen?

Wenn du aus dem Ursprung lebst, von dem du *wirklich* herstammst, dann gibt es in dem Ursprung kein Ego. Wenn du einen anderen Ursprung *erschaffst*, von dem du eigentlich weißt, dass er nicht wahr ist, dann ist dieser Ursprung eine Illusion. Wenn du für die Illusion lebst, entspringt ihr das Ego, um sich selbst und die Illusion zu schützen. Das Ego ist nur Illusion, die für sich selbst arbeitet und von dir als Bewusstsein unterstützt wird.

Wenn du deinem Wollen und Brauchen keine Energie mehr gibst - demjenigen von dem du willst, dass es wahr ist und brauchst, dass es wahr ist - dann beginnt sich jegliche selbst geschaffene Illusion, in der du zur Zeit lebst, aufzulösen und auseinanderzufallen, als wäre sie nie gewesen. Und alles, was übrig bleibt ist das *wirkliche* Du. Dann gibt es nichts mehr, worin das Ego leben könnte, denn das Ego war ein Teil jener Illusion. Lässt man die Illusion los, so stirbt das Ego. Wenn das Bedürfnis auch nur in irgendeinem Teil der Illusion leben zu müssen endet, dann endet der Ursprung des Ego. Das Leben des Ego hängt vom Aufrechterhalten einer Lüge ab.

Warum wird es vom Bewusstsein unterstützt?

Wenn das Bewusstsein eine Illusion unterstützt, dann *trifft* das Bewusstsein *die Wahl* etwas zu glauben, von dem es will, dass es wahr ist, obwohl es eigentlich *weiß,* dass es nicht wahr ist. Das ist ein Bewusstsein, das sich selbst belügt.

Du sprichst also nicht über reines Bewusstsein.

Ich beziehe mich auf ein unehrliches Bewusstsein. Das Bewusstsein kann unehrlich sein. Das Bewusstsein kann etwas glauben und es wahr *machen*, obwohl es nur eine Wahrnehmung ist. Das Bewusstsein kann einen Traum nehmen und sagen: „Dies ist meine Wahrheit, dies ist meine Wirklichkeit, dafür lebe ich." Und daraus erhebt sich ein Ego, um den Traum zu beschützen. Dieses Ego ist ein Bewusstsein, das durch den Traum, durch die Illusion lebt. Wenn das Bewusstsein aufhört einer Lüge Glauben zu schenken, dann endet das Ego. Dazu ist jedoch eine Ehrlichkeit innerhalb des Bewusstseins erforderlich, die so vollkommen ist, dass das gesamte Bewusstsein mit dem eins ist, was tatsächlich wirklich, wirklich ist und nicht mehr mit dem, von dem es *will*, dass es wahr ist.

Wenn Unehrlichkeit vorhanden ist, besteht eine Spaltung im Bewusstsein: eine Spaltung zwischen dem, von dem du *weißt*, dass es wahr ist und von dem du *willst,* dass es wahr ist. Dann lebst du in einer Illusion und dein Bewusstsein existiert in einem Zustand der Trennung: das Äußerste des Bewusstseins ist vom Innersten getrennt und weggezogen. Aber das Innerste bewegt und berührt weiterhin jene unehrliche Form des Bewusstseins, die sich abgetrennt hat.

Das Innerste des Bewusstseins bleibt stets verbunden, sogar während der Trennung. Darin gibt es immer eine Anziehung. Da ist immer eine Anziehung „nach Hause" zurückzugehen - zurückzukehren zu jener Einheit und zurückzukehren zu jener Vollkommenheit. Aber wenn irgendwo im Bewusstsein darauf bestanden wird, das zu haben, was es *wahrhaben will,* dann hält es sich abgetrennt. Es versucht zu beweisen, dass die von ihm *gewollte* Wahrheit wahr *ist.* Es wird sein Leben leben, indem es seine *eigene* Wahrheit manifestiert. Alles, was es berührt und alles, was es tut, wird nicht funktionieren. Und innerhalb dieser abgespaltenen Form des Bewusstseins wird es einen anhaltenden Schmerz geben. Es wird ein anhaltender Schmerz da sein, weil das Bewusstsein wirklich weiß, dass es nicht ganz und vollkommen ist, so wie das Innerste und dass alles, was es *tut*, auch nicht ganz und vollkommen ist.

Wenn jenes abgespaltene Bewusstsein ganz einfach loslässt, woran es festhält und zum *Ganzen* zurückkehrt - wenn es *sein wird wie das Innerste* - dann ist so ein Bewusstsein das einzig *Wirkliche*, das Einzige, was eine Art Frieden bringt, der vollkommen ist, eine Freude, die wahr ist, eine Liebe, die wirklich ist. Dann ist da eine Einheit des Bewusstseins ohne Trennung. In so einem Zustand, in so einer Seinsweise gibt es kein Ego. Wenn das Bewusstsein gespalten ist, sich vom Restlichen getrennt hält, dann gibt es ein Ego.

Und wenn man zutiefst damit okay ist, wäre das die Einheit des Bewusstseins ?

Wenn man zutiefst damit okay ist, dann beginnt jene

abgetrennte Form des Bewusstseins zurückzukehren. Ein kleiner Fühler streckt sich dem reinen, ursprünglichen, innersten Bewusstsein entgegen und berührt es. Sobald er es berührt, bewegt sich eine Resonanz durch den abgetrennten Teil des Bewusstseins hindurch und verursacht für das restliche Bewusstsein eine unglaubliche Anziehung auch zu kommen.

Während diese vom Innersten des Bewusstseins kommende Berührung in dein mentales Vehikel aufsteigt, beginnst du die Tragweite dessen zu realisieren, was dich das kosten wird. Du realisierst, dass sich da ein kleiner Teil von dir als Bewusstsein dem innersten Ursprung hingibt und dass dieser kleine Teil ehrlich ist. Aber der Rest von dir als Bewusstsein hält zurück und wartet, um zu sehen was geschehen wird... Wenn es zu gefährlich ist, wird es sich entziehen, wenn es noch viel gefährlicher ist, wird es sogar das kleine bisschen Ehrlichkeit zurückziehen - zurück in das Ego.

Wenn das Bewusstsein ehrlich bleibt, wird es jenen Fühler ausstrecken und das innerste Bewusstsein berühren. Durch eine einzige Berührung wird eine unglaubliche Resonanz ausgelöst. Es wird eine tiefe Zufriedenheit des Seins geben, die sagt: „Es ist wahr, es ist wirklich." Und wenn das abgespaltene Bewusstsein auf jene kleine Berührung antwortet, dann wird sich allmählich mehr Bewusstsein erlauben auch das Innerste zu berühren.

Solange das Bewusstsein ehrlich ist, *bleiben* alle Fühler, die das Wahre berühren, *erhalten*. Sie wenden sich niemals mehr zurück, sie machen niemals mehr einen Rückzieher. Schließlich werden so viele Fühler ausgestreckt, dass alle abgetrennten Bewusstseinsformen wieder „zuhause" ankommen und es wird Einheit geben. Der einzige Preis, den das Bewusstsein zahlen musste, war, all das loszulassen, was ursprünglich sein Entfernen verursachte; all das loszulassen, von dem es dachte, es gewonnen zu haben, während es von seinem Innersten fern war. Das ist alles, was du verlieren wirst. Alles, was du verlierst, ist alles.

Warum hast du, als du vor Jahren erleuchtet warst, das wieder verloren?

Was geschah, war, dass ein Fühler zum Ursprung hingezogen wurde. Und ich lebte im Inneren dieses Fühlers. Und so geschah es, dass...

Was ist ein Fühler?

Ein Fühler ist ein kleines bisschen Bewusstsein, das „nach Hause" zurückkehrt. In ihm lebte ich ein Jahr lang und nicht in dem abgespaltenen Teil, der einfach auch dablieb. Erst als mich wirklicher Druck traf, machte ich einen Rückzieher. Ich zog den kleiner Fühler zurück, der meine lebende Verbindung zu meinem innersten Bewusstsein war. Und dann war das Erleben völlig „zuhause" zu sein augenblicklich vergangen.

Dann begann ich zu suchen, weil ich jetzt wusste, dass ich das Wirkliche erlebt hatte. Und ich wusste, dass ich nicht leben könnte, bis ich es zurückbekommen hätte, bis ich es nicht nur gefunden hätte, sondern auch den wahren Ursprung von dem, was geschehen war. Und ich wollte es mit Verstehen finden.

Zuerst versuchte ich es auf jedmögliche, unehrliche Art im Inneren. Wie ein Dieb versuchte ich alles. Nichts davon funktionierte. Und dann ließ ich mich vollständig ehrlich sein. Ich ließ Ehrlichkeit direkt zum Kern jenes abgesonderten Teils vordringen... und ohne die geringste Anstrengung begann ein Einswerden mit dem Innersten zu *geschehen*. In einer wahren Weise der Offenheit und Sanftmut des Seins antwortete ich dem Innersten des abgespaltenen Teiles des Bewusstseins, der einstmals Teil des Ganzen gewesen war. Indem ich so antwortete, kam ich tatsächlich in Einklang mit seinem Ursprung, weil ich in derselben Seinsweise *war* wie der Ursprung. Ich *ließ* mich mit dem innersten Ursprung mitschwingen. So *wurde* ich tatsächlich wie der innerste Ursprung - durch die schlichteste Form der Ehrlichkeit.

Das ließ die Wiedervereinigung beginnen. Das war der Anfang einer wahren „Heimkehr".

Je mehr Druck ich spürte - Druck innerhalb dieser Welt, Druck von innerhalb meiner Oberflächenvehikel, innerlich als Bewusstsein einen Rückzieher zu machen und mich abzutrennen, Druck einen Weg aus dem Leiden zu suchen und einen Weg zu suchen, um persönliches Glück zu sichern - desto mehr blieb ich weiterhin so ehrlich, wie ich nur sein konnte. Das Einssein setzte sich fort und ging einfach tiefer und tiefer und immer tiefer. Nichts gab es, das ich nicht losgelassen hätte. Es war egal, wie stark der Druck war… ich blieb ehrlich und ließ diese Ehrlichkeit tiefer gehen, feiner und feiner werden...

Was sich zu öffnen begann, war eine unglaubliche Tiefe des Seins. Es folgte Transformation auf Transformation auf Transformation. Als sich die Tiefe des Seins zu öffnen begann, fing ich an mit meinem Innersten intimst vertraut zu werden, tiefer und tiefer und tiefer und tiefer.

Wenn du aus dem Innersten des Bewusstseins lebst, gibt es kein Ego. Da gibt es nur eine Leichtigkeit der lebenden Wahrheit. Es ist wirklich genau so leicht für dich vollkommen im Inneren „zuhause" zu sein, wie es für die Wahrheit selbst ist. Es wäre allein dann schwierig, wenn du nicht ehrlich bist.

Ich bin offensichtlich nicht ehrlich, aber ich weiß nicht, auf welche Weise ich nicht ehrlich bin?

Hat es irgendeine Verbitterung gegeben?

Es hat subtile Reaktionen gegeben, subtiles Unbehagen...

Gab es auch nur das geringste Festhalten daran? Gab es auch nur das geringste Zögern es loszulassen? Gab es überhaupt irgendein Zögern es loszulassen, als etwas von dir Besitz ergriff? In dem Augenblick, in dem auch nur ein Anflug eines Zögerns besteht es loszulassen, ist Unehrlichkeit vorhanden. Wenn auf etwas bestanden wird, dann ist wirkliche Unehrlichkeit vorhanden. Und wenn du anfängst es zu rechtfertigen und zu rationalisieren, dann ist die Ehrlichkeit sehr weit entfernt.

Du kannst so leben, dass du unaufhörlich innerlich loslässt, auf eine Weise, auf die du niemals an etwas innerlich festhältst, was auch immer der Grund - du kannst nicht innerlich gekauft werden. Nichts wäre bedeutungsvoll genug, weshalb du sagen würdest: „Nun gut, dafür würde ich ein Festhalten in Betracht ziehen", oder „um so viel Schmerz loszuwerden, würde ich ein Festhalten in Betracht ziehen."

Wenn Ehrlichkeit, eine „Grund-Ehrlichkeit" vorhanden ist, kannst du nicht gekauft werden. Nichts kann dich kaufen. Du hast keinen Preis. Es ist egal, wieviel als Belohnung oder als Schmerzlinderung geboten wird, es ist egal, wie großartig das Angebot ist - du würdest niemals auch nur in Betracht ziehen es haben zu wollen und unehrlich zu sein, um es zu bekommen. Nichts könnte dich kaufen, um innerlich an etwas festzuhalten. Du wärest offen und weich im Inneren und du würdest auf so eine Weise inmitten dieser Welt leben. Nichts könnte dich veranlassen innerlich festzuhalten. Nichts könnte dich dazu veranlassen innerlich hart zu werden. Du würdest unaufhörlich alles hereinlassen und alles hindurchlassen. Du würdest immer so sein, wie das, was du tatsächlich als wahr erkennst: eine schlichte Seinsweise, die beständige Offenheit und Sanftheit ist. Das ist Ehrlichkeit. Nur ein kleines bisschen Druck ist nötig und was wirklich vorhanden ist, wird sich offenbaren…

Du bist Bewusstsein. Du besitzt ein volles Spektrum des Bewusstseins. Was in dir ist, ist die größte Kraft im Universum: *Du kannst wählen.* Niemand wählt für dich. Du darfst wählen. Du darfst deinem Innersten treu sein oder du darfst dem treu sein, von dem du *willst*, dass es wahr ist, von dem du brauchst, dass es wahr ist. Du darfst deine *eigene* Wahrheit wählen oder du kannst dich der *einzigen* Wahrheit hingeben. Die größte Kraft im Universum ist in dir.

Es liegt alles in dir. Du besitzt solch eine Klarheit. Du besitzt solch eine Macht. Du hast keine Entschuldigung nicht „zuhause" zu sein. Du hast keine Entschuldigung nicht okay zu sein, denn es liegt alles in dir. Es hat nichts mit irgendetwas außerhalb von dir zu tun. Es hat wirklich nichts mit deinem Verstand, deinen Emotionen oder mit deinem Körper zu tun. Es hat nur mit dir als Bewusstsein zu tun: ob du dich tatsächlich voll-kommen dem ergibst, von dem du weißt, dass es wahr ist oder ob du dich ein klein wenig an etwas hingibst, von dem du *willst*, dass es wahr ist und dich aus deinem wahren Selbst hinausbegibst, um dies zu tun.

Wenn du dich aus deinem wahren Selbst hinausbegibst, wird das Leben schwierig, denn egal was du anrührst und was du tust, es wird niemals funktionieren - es ist keine Wirklichkeit darin. In einer unehrlichen Berührung gibt es kein Innerstes. Dann wird alles, was du zu tun *versuchst*, zu einer Art Lüge, einer Art Wollen und einer Art Brauchen. Es besteht keine Übereinstimmung zwischen dem, was du berührst und tust und deinem Innersten. Da ist eine Trennung. Und wer das verursacht... bist nur du: dieses Genie von Bewusstsein, welches die Macht hat tatsächlich etwas zu erfinden, daran zu glauben und darin zu leben, so als wäre es wirklich wahr. Und es ist so wunderbar, dass das niemals funktioniert...

Als Bewusstsein kommst du damit nicht durch. Eins zu sein mit dem, was wirklich ist - dem kann man nicht entkommen. Sobald du nicht mit dem eins bist, was wirklich ist, wirst du zutiefst nicht okay sein. Alles, was du im Leben tust, wird im Inneren niemals etwas ausrichten. Und das ist so gut. Und du hast immer einen Spiegel - jeder Moment im Leben ist eine Wirklichkeitsprüfung. Jeder Moment im Leben sagt dir, dass nichts ausgerichtet wird. Das Bewusstsein ist so wunderbar!

John, was denkst du über Geisteskrankheit? Ich bin echt daran interessiert mit Menschen zu arbeiten, die an Schizophrenie, Depression und ähnlichen Dingen leiden.

Es gibt eine wirklich, wirklich einfache Heilmethode für jegliche Form geistiger oder emotionaler Erkrankung und das ist die Ehrlichkeit: eine Ehrlichkeit, der ein klares Nachgeben folgt, eine klare Hingabe an das, von dem man tatsächlich weiß, dass es wahr ist. Das wird jegliche Art mentaler und emotionaler Erkrankung heilen. Nirgends gibt es eine Geisteskrankheit, die der Ehrlichkeit widerstehen kann.

Aber Ehrlichkeit kommt doch vom Höheren Selbst und das bringt die Ehrlichkeit durch den restlichen Körper. Wo wird die Ehrlichkeit erkannt? Wie erkennt ein Mensch, dass er ehrlich ist?

Jeder kennt die Ehrlichkeit. Jeder weiß, wie machtvoll sie ist, wie heilend sie ist. Wir kennen sie so gut, dass wir sie tatsächlich verdecken und im Inneren ein System erfinden oder eine Konfusion, damit wir mit unserem Verstand sagen können, dass wir nicht wissen, wie man ehrlich ist. Wir wissen, wenn wir uns nur ein winzig kleines Bisschen erlaubten jene echte Ehrlichkeit wirklich zu sehen, dass ihre Kraft unmittelbar durch alles hindurchdringen würde. Und alles, was die Ehrlichkeit berührte, würde sofort heilen.

Du bemühst dich nun anderen dabei zu helfen die Ehrlichkeit zu erkennen...

Du kannst Menschen nicht *wahrhaftig* bewegen und ihr Wissen und ihre Ehrlichkeit nicht *wirklich* beeinflussen, es sei denn du selbst bist absolut ehrlich. Wenn du nicht „zuhause" bist, dann gibt es eine unlautere Energie, die aus dir kommt. Da ist ein Genie am Werk, das etwas nehmen kann und es in etwas verändern kann, was es nicht ist. Wenn du nicht „zuhause" bist, kommt diese trügerische Energie durch.

Wenn du also mit geisteskranken Patienten arbeitest und du versuchst ihnen durch deine eigene Unehrlichkeit zu zeigen, wie man ehrlich ist, dann wird deine Energie für sie sehr erleichternd sein. Sie werden auf das hören, was du sagst, alles in sich aufnehmen, sich an den Teil in dir halten, der unehrlich ist und damit wäre nur ihre eigene Unehrlichkeit bestärkt. Ihre Unehrlichkeit wäre gerechtfertigt und gefestigt worden und nun wären sie sogar noch weniger dazu geneigt ehrlich zu sein oder geheilt zu werden.

Was immer du im Leben tust - nichts davon wird etwas ausrichten, es sei denn du bist „zuhause". Es handelt sich nicht nur um eine Karriere, es betrifft Beziehungen, es betrifft alles, was du berührst, alles, was du tust, alles, woran du im Verlauf deines gesamten Lebens teilnimmst. Nichts davon wird gelingen, solange du nicht „zuhause" bist. Was wahr ist, bedeutet nicht mit dem Leben *aufzuhören* bis du „zuhause" bist. Was wahr ist, bedeutet einfach „nach Hause" zu gehen und *weiter* zu leben.

Sagst du das als eine Art Warnung oder soll man einfach weitermachen und versuchen die Arbeit dennoch zu tun, wenn man nicht „zuhause" ist?

Du kannst weitermachen und... „heimatlos" sein. Du kannst weitermachen und die Arbeit weiterhin auf eine Art tun, die irgendwie nicht ganz „zuhause" ist. Und dann ist es so gut, dass du ernten wirst, was du säst. Es wird nicht *wirklich* funktionieren.

Wie wäre es, wenn man anderen hilft das Wunderbare, ihre Göttlichkeit, ihren innewohnenden Geist zu sehen?

Nur die Ehrlichkeit kann sehen. Unehrliche Menschen können ihre eigene, wahre, innerste Schönheit nicht sehen. Sie können nur sehen, was sie *denken* und was sie *fühlen*, während diese innerste Schönheit tief im Inneren bleibt. Sie können diese Schönheit nicht *wirklich sehen*. Aber die Ehrlichkeit kann direkt ins Innere vordringen, kann direkten *Zugang* zu echter, innerster

Schönheit haben, in sie eintauchen, in ihr baden und in ihr leben.

Alles, was der Unehrlichkeit entspringt, kann niemals hineingelangen, kann sie niemals finden. Die Unehrlichkeit kann nur finden, was nicht wahr ist, kann nur eine selbst erfundene Lüge finden. Unehrlichkeit kann niemals die Wahrheit finden. Sie kann niemals die innerste Essenz, die Reinheit, die Klarheit oder das „Okaysein" finden. Die Unehrlichkeit kann nur Mühen und Streben und Tun und Arbeiten und Plagen finden - sie kann nur „nicht Okaysein" finden. Und alles, was die Unehrlichkeit je tun wird, ist weiterhin zu versuchen das in Ordnung zu bringen.

Ich vermute, dass man zuerst, bevor man die Ehrlichkeit erlangt, an einem sicheren Ort sein muss.

Das ist bedingte Ehrlichkeit. Menschen tun das. Es gibt Menschen, die zulassen völlig offen zu werden, während sie durch die Natur wandern. Sie werden wirklich ehrlich sein, weil sie sich sicher fühlen. Aber sobald sie sich nicht mehr sicher fühlen, verschließen sie sich, schützen sich und leben innerhalb eines Bereichs der Unehrlichkeit.

Wie kommst du, *praktisch gesehen, daran vorbei?*

Leicht, weil ich in einem Bereich lebe, der schon jenseits ihrer Blockade ist. Ich bin als Bewusstsein bereits *in* ihnen. Ich bin bereits mit ihrem innersten Teil vereint, der immer in einem Zustand des Loslassens ist. Als Bewusstsein bewege ich mich mit ihrem eigenen innersten Sein bis ins Äußere des Bewusstseins hindurch, um ihre Ehrlichkeit zärtlich zu beeinflussen, zu bewegen und zu umwerben.

Das war es, worauf ich eigenlich hinauswollte: das Arbeiten mit dem Höheren Selbst einer Person.

Aber wenn du nicht vollständig „zuhause" bist, dann wirst du versuchen dies mit anderen Menschen zu tun - *für dich*. Darin steckt eine Schlauheit. Deshalb ist jedesmal, wenn nur ein gewisses Maß an Unehrlichkeit vorhanden ist, jeder Teil von dir, der nicht „zuhause" ist, ein Dieb. Und dieser Teil, der nicht „zuhause" ist, gerät in alles hinein. Da gibt es nichts, was der Unehrlichkeit nicht zugänglich wäre... mit Ausnahme deines Innersten.

In Bezug auf all das, was du mit Menschen tust... hat jeder Teil von dir, der nicht "zuhause" ist, seine Finger geradewegs darin und erhält genau das, was er haben will. Er kann sich sehr liebevoll erscheinen lassen. Er kann sehr selbstgerecht sein. Das Einzige, was er sich nicht leisten kann, ist ehrlich zu sein - das wird er selbst nicht zulassen. Wenn er ehrlich ist, dann wird all das, was er festhält, unmittelbar losgelassen. Es fällt auseinander und ein Schmelzen findet statt, geradewegs bis in das Innerste hinein.

Demnach wäre ein Bereich der Ehrlichkeit ein Bereich, in dem man sich keine Gedanken über die Folgen macht, ein Bereich, der nicht an das Resultat gebunden ist.

Es bedeutet vom Resultat wirklich frei zu sein. Du kannst nur wirklich vom Resultat frei sein, wenn du in einem Bereich, der wahr ist, tatsächlich in Zärtlichkeit ruhst. Wenn du in einem Bereich bist, der wahr ist, in einem Bereich, der bis ins Innerste hinein ehrlich und sauber ist, dann *willst* du nichts. Dann *brauchst* du nichts, weil alles schon vollständig ist und es da nichts gibt, was du von außen hereinbringen könntest, um es noch ein winzig kleines Bisschen besser oder vollständiger machen zu können. Es ist schon vollständig. Auf eine ehrliche Weise zu leben heißt höchst wunderbar frei zu sein von jeglichem groben Gebundensein an ein Resultat oder an einen Wunsch danach - ein Resultat, von dem du *weißt*, dass es nichts mit dem zu tun hat, was du am meisten liebst.

Wenn alles bereits perfekt ist, dann schaltet man von vornherein das Bedürfnis *aus überhaupt irgendetwas tun zu müssen.*

Das stimmt. Dann *brauchst* du kein Helfer mehr zu sein. Dann ist alles, was du tust, bloß Spiel und du tust es nur, weil du es auf eine wahre Weise tun *kannst*. Alles ist ein Fließen, das manifestiert, was du gegenwärtig innerlich *bist*. Du wirst kein Helfer sein. Du wirst nicht hier sein, um Menschen zum Leben zurückzulieben. Du wirst nicht hier sein, um die Welt zu ändern. Du wirst nicht hier sein, um jemanden zu ändern. Du wirst tatsächlich nur hier sein, um einfach wirklich, wahrhaftig zu *sein*. Und das wird vollkommen sauber sein. Ohne jegliche Anstrengung wird das alles in deiner Umwelt heilen. Du wirst als eine *echte* Quelle des Heilens existieren und du wirst sie nie anrühren, weil sie nicht für dich ist. So leicht ist es und so lieblich.

Es scheint, dass alles, was ich im Leben tue, ein Existieren ist, nur um diesen kleinen physischen Leib vor dem Tode zu bewahren. Es ist, als ob sich das ganze Leben nur darum dreht diesen Körper zu erhalten, weil ich mich vor dem Sterben fürchte. Ich weiß nicht, was es im Jenseits gibt und ich finde es total unannehmbar, dass ich und wir alle nur leben, um diese kleinen „Körper-Dinge" zu beschützen, die anscheinend nichts bedeuten. Es scheint so von Grund auf und so zutiefst unehrlich zu sein auf diese Weise zu leben, ich weiß jedoch nicht, wie ich die Identifizierung mit diesem Körper aufgeben soll, damit ich den Tod nicht fürchte, das nicht fürchte, was auf der anderen Seite dieses Schleiers ist. Denn sonst würde ich für eine andere Bestimmung leben. Aber bis jetzt bin ich mir nur gewahr, dass ich bloß dieses Bündel aus Furcht und Schrecken bin, das weiß, dass es sterben wird, wenn es am Morgen nicht aufsteht, nicht zur Arbeit geht…

Das ist nicht alles, was du weißt.

Das ist alles, was ich ehrlich weiß.

Du *denkst* das ist alles, was du weißt. Es ist nicht alles, was du *wirklich* weißt. Du hast bereits das Leben nach dem Tod erfahren. Jedesmal, wenn du etwas in dir hast sterben lassen: eine Art des „nicht Okayseins", etwas, an dem du festgehangen hast, ein kleines bisschen Illusion, Unehrlichkeit, Ansprüche, eine gewisse Verbitterung, Härte, Verschlossenheit oder Hass - jedesmal wenn du so ein Problem einfach hast sterben lassen, indem du es losgelassen hast - was du dann vom Leben nach dem Tod vorgefunden hast, war „Okaysein". Du erlebtest winzig, winzig kleine Kostproben von dem, worum es wirklich geht.

Ich bin mir dieser kleinen Kostproben bewusst, aber mir scheint, dass neunundneunzig Prozent meines Lebens dem Davonlaufen gewidmet sind, aus Furcht vor dem großen Tode. Ich weiß, es gibt Zeiten, in denen ich loslasse und da kommt es dann zu einem kleinen Freigeben oder einem Loslassen von irgendetwas, aber das scheint so trivial zu sein im Vergleich zur gesamten Basis meines Lebens...

Dann nimm dieses kleine Bisschen, das so trivial erscheint, welches aber tatsächlich *lebt* und lass es frei. Lass es hingehen, wo immer es hingehen mag. Lass es jegliches Anliegen berühren wozu es bewegt wird und lass es wählen, welche Anliegen es in Sanftmut zuerst berühren will. Lass Ehrlichkeit frei, lass sie alles haben. Lass „Okaysein" frei, lass es überall hingehen. Wenn du „Okaysein" freilässt, wird es alles einfach und zutiefst okay machen.

Sogar, dass ich lebe, um den Tod zu überleben, sogar das? Das fühlt sich tief an. Da ist diese intensive Angst vor dem, was auf der anderen Seite liegt.

Ich bin vom „Tode" zurückgekehrt. In mir selbst habe ich das gleiche Sterben von Illusion, Unehrlichkeit und „nicht Okaysein" zugelassen, von denen du jetzt sprichst. Und das, was ich als eine *Seinsweise* bin, ist für deinen innersten Kern recht tröstlich.

Als du vom Tode zurückgekehrt bist, lebtest du nicht in der Illusion, ich aber lebe noch neunundneunzig Prozent in der Illusion...

Das ist okay, denn ich habe das eine Prozent berührt, welches nicht darin lebt. Die übrigen neunundneunzig Prozent sind wunderbar bedeutungslos. Ich werde die neunundneunzig Prozent in dir nicht berühren. An den neunundneunzig Prozent in dir hänge ich nicht. Aber dem einen Prozent in dir bin ich wunderbar zugeneigt. Darin liegt eine Zuneigung des Seins, ein Bund des Seins. Durch diesen Bund weiß ich genau, wie ich dein Innerstes finde, dein Innerstes berühre und dir zu *wissen* erlaube, dass dieses eine Prozent wirklich ist und keine Illusion.

Ich bin mir gewahr, dass es etwas geben muss, was wirklich ist. Aber da ich mein Leben durch die anderen neunundneunzig Prozent lebe, so habe ich neunundneunzig Prozent der Zeit das Gefühl, dass ich nur ein Wurm bin - unehrlich bis in den Kern hinein.

Du bist nicht bis in den Kern hinein unehrlich. Du bist zu neunundneunzig Prozent bis in den Kern hinein unehrlich. Das eine Prozent, das ehrlich ist - dieses eine, winzig kleine Bisschen, in welchem du dich tatsächlich das sehen lässt, was du als wahr erkannt hast - das ist es, was du liebst. Wenn du *das* siehst, berührt es dich, nährt es dich. Dieses winzig kleine Bisschen, das du siehst, ist wie Nektar - es repräsentiert Heilung. Das ist der einzige Teil in dir, der Bedeutung hat.

Für mich bedeutet Ehrlichkeit, nicht meine Aufmerksamkeit dem einen Prozent zu schenken, sondern den restlichen neunundneunzig Prozent. Ehrlichkeit heißt all das Dunkle anzuschauen und sich ihm entgegenzusetzen.

Ehrlichkeit konfrontiert nicht das Dunkle. Ehrlichkeit setzt sich den Dingen nicht entgegen. Ehrlichkeit heißt für dich in das eine Prozent in dir, das wahr ist, *hineinzugehen* und von dem einen Prozent aus, innerhalb der neunundneunzig Prozent, herumzuschauen. Wem du direkt begegnen wirst, ist dem einen Prozent. Du wirst schauen, aber durch die Augen des einen Prozents.

Dann beginnt eine Veränderung stattzufinden: aus dem einen Prozent werden zwei, die zwei Prozent werden mehr und so weiter, bis schließlich ein rasendes Feuer der Realität im Inneren brennen wird. Es ist die Ehrlichkeit, die durch dich hindurchfegt und was geschehen wird, ist, dass *du* erwachst. Kein Maß an Unehrlichkeit kann dem geringsten Maß an Ehrlichkeit widerstehen.

Du brauchst deine Ängste nicht zu begreifen. Schau nur auf dieses winzigste kleine Bisschen, welches jetzt lebendig ist und dich nährt - *das* ist klar und wirklich. Dann gib dich ihm hin. Die Lügen und die Illusionen - sie haben nicht einmal eine Bedeutung. Ängste bedeuten nichts. Es gibt keine Angst, die in dem einen Prozent leben oder gegenwärtig sein kann. Das ist der einzige Ort, wo die Angst stirbt.

Du kannst alles nehmen, was du bist und in dieses kleine eine Prozent hineinschütten. Und das kleine eine Prozent wird größer und größer und größer werden. Es wird das Ganze werden, sodass jetzt hundert Prozent existieren von dem, was einst das eine Prozent war. Illusionen sind kein Problem. Wirklich zarte Ehrlichkeit ist ein Allheilmittel. Lass dieses kleine bisschen zärtliche Ehrlichkeit, lass sie einfach etwas in deinem Inneren berühren. Sieh was geschieht...

Ich bin mir nicht sicher, ob ich genau weiß, was dieses eine Prozent überhaupt ist...

Gibt es irgendeinen Teil von dir, einen Raum in dir, egal wie klein, wo du einfach innerlich sanft und still bist? Gibt es irgendwo einen Raum in deinem Inneren, der echt erquickend ist - selbst nur ein klein wenig, eine Art *innere* Erquickung, die nicht mit irgendetwas *außerhalb* von dir in Verbindung steht?

Da gibt es schon etwas, wenn ich aufhöre wie verrückt herumzuhetzen, mich einfach hinsetze, mir erlaube ruhig zu werden... und in der Meditation.

Während du dann meditierst oder während du ruhig bist - sobald diese „Berührung" erfolgt, gib der Berührung nach. Lass sie wirklich herein. *Sie* in *dich* hereinzulassen tust du, indem *du* in *sie* hineingehst. Alles, woran du festhältst, verhindert dir den Eintritt. Lass es einfach los... und geh hinein.

Wie weiß man, wann man wirklich mit sich selbst ehrlich ist? Wir sind alle so sehr konditioniert und es ist ziemlich verwirrend zu wissen, was wirklich ist...

Wie oft klammerst du dich im Inneren an etwas, das du nicht loslassen willst? Das ist Unehrlichkeit. Wenn du dich im Inneren an etwas festhältst, bleibt eine ständige Aufforderung von deinem innersten Sein, es einfach zärtlich loszulassen.

Aber wie weiß man, wann man festhält? Ist es dann, wenn es wirklich schwierig ist etwas loszulassen?

Es ist, wenn du es willst und wenn du es nicht willst. Das „Es zu Wollen" ist der Teil in dir, der Sanftmut und Offenheit enthält. Verzichte auf das Bedürfnis loslassen zu *wollen*. Auf diese Weise werden die Offenheit und die Sanftmut, die verbleiben, zum „Loslassen" schlechthin. Dieser Teil von dir ist dann klar. Der Teil von dir, der nicht loslassen will, ist der Teil von dir, der nicht klar ist. Ehrlich zu sein heißt dich auf die Seite der Klarheit zu stellen und dem treu zu sein, von dem du tatsächlich, wirklich *weißt,* dass es wahr ist. Ehrlichkeit heißt dich dem gegenüber treu sein zu lassen, dem zur Seite zu stehen.

Manchmal will man das nicht, denn man will der Wahrheit nicht glauben - das passiert, wenn der Kopf hereinkommt und man verwirrt wird.

Dich nicht auf die Seite dessen stellen zu wollen, von dem du tatsächlich *weißt,* dass es wahr ist, heißt, dass du *deine eigenen Rechte* verteidigen willst. Es heißt, dass irgendein verinnerlichtes Recht berührt wird. Dann ist ein Anspruch da, der sagt, dass dieses Recht etwas wert ist, obgleich es das nicht ist. Ein Recht hat oberflächlichen Wert, aber es gibt nirgendwo ein Recht, das tiefen und wahren Wert hat. An etwas im Inneren festzuhalten heißt einem Recht Energie zu geben. Wenn du einem anderen gegenüber oder einer Situation gegenüber verbittert bist, so ist das, weil du tief im Inneren glaubst, dass dir ein Recht *gehört.* Du glaubst, dass dir irgendetwas dieses Recht *fortnimmt* und dass du nicht *bekommst,* was du willst. Innerlich festzuhalten heißt einfach, dass du dich in die Vorstellung investiert hast, dass irgendetwas deinem Glück *im Wege* steht. Hättest du keine Rechte innerlich, nicht ein einziges… dann wärest du frei. Je mehr Rechte du dir im Inneren aneignest, desto mehr musst du leben, um sie zu beschützen.

Würde man dann nicht sehr verwundbar werden, wenn man anderen Menschen erlaubt, auf einem herumzutrampeln?

Du kannst Rechte *im Äußeren* verwenden. Du kannst mit

Rechten in deinem seichten „Oberflächen-Leben" arbeiten... jedoch nicht im *Inneren*. Bist du innerlich still geworden, dann besteht immerzu ein Wissen, dass alles okay ist, dass es da keine Rechte gibt. Wenn jemand dir weh tut und du bist innerlich still geworden, weißt du immer, dass es im Inneren wahrhaftig okay ist.

Das bedeutet nicht, dass du zulassen musst, dass Menschen dich im Äußeren verletzen, oder dass du in Missbrauchsverhältnissen bleiben musst. Aber was sich auch immer im Moment ereignen mag - *im Inneren* ist es okay. Im Moment gibt es *im Inneren* kein Recht, das wert wäre festzuhalten. Sobald du ein Recht hast, für das du im Inneren lebst, bist du zu einem „Tuenden" geworden. Du musst tun, du musst dich bemühen, du musst streben, um etwas aufrechtzuerhalten, an das du glaubst und du musst dich schützen.

Dich im *Äußeren* zu schützen - wird dich nicht verletzen. Dich *im Inneren* zu schützen... das wird dich wirklich verwunden. Alles ist wert zärtlich ins Innere hereingelassen zu werden: Schmerz, Misshandlung, Missbrauch. Der Versuch etwas vom deinem Innersten fernzuhalten - weil du Schmerz nicht magst, weil du glücklich sein willst oder nicht verletzt sein willst - gibt immer noch keinen *wirklichen* Schutz vor innerem Leiden. Wir suchen immerzu nach solch einem Schutz, aber wir finden ihn niemals wirklich, weil er nicht existiert. Was wir dann am meisten benützen, um uns vor innerem Schmerz zu schützen, ist Ärger. Wir benützen Bitterkeit, Hass und Härte. Und wenn wir *das* hereinlassen, sterben wir innerlich.

Bist du *innerlich* frei und willst du etwas im Äußeren ändern, in einer Situation oder in einer Beziehung, dann kannst du im *Äußeren* mit der Absicht es zu ändern vorankommen, solange du nicht am Resultat festhältst. Aber sobald es dir wirklich wichtig ist, dass etwas auf eine bestimmte Weise sein muss, dann bleibst du innerhalb von Brauchen, Wollen, Beharren oder Ärger. Je mehr du entdeckst, dass deine Änderungsversuche nichts ausrichten, desto tiefer nimmst du den unehrlichen Anspruch in dich hinein...

und das wird *niemals* etwas bewirken.

Es scheint mir, dass du uns sagst nicht menschlich zu sein. Wir sind aber menschlich, deshalb werden wir alle diese Dinge fühlen und tun und sein.

Was ist menschlich? Das meiste, was wir als „menschlich sein" definieren, basiert auf einer Art zu sein, die unehrlich ist. Es basiert auf einer Art zu sein, von der wir *wissen,* dass sie nicht wirklich ist. Wenn du verbitterst bist, heißt das menschlich sein?

Ich weiß nicht. Ich denke nur, dass all die verschiedenen Gefühle, die jeder hat, teil davon sind ein menschliches Wesen zu sein.

Wenn du dir alles in dieser Welt anschaust, so wie es gegenwärtig ist, ist das eine Manifestation von ausgewogener Menschlichkeit? Wahres Menschsein ist der innerste Friede, von dem wir alle *wissen.* Wahres Menschsein ist solch ein Friede, der nicht gestört werden kann - nicht durch einen Gedanken, ein Gefühl, ein Erlebnis oder einen Umstand. Das ist *wirklich* menschlich.

Warum sind wir nicht so?

Wir legen Wert auf unser eigenes, *persönliches* Glücklichsein. Wir machen das zum Höchsten... so leben wir dann dafür und existieren, um glücklich zu sein. Das Glücklichsein jedoch ist überhaupt nicht, was wir brauchen. Auf das zu antworten, von dem wir tatsächlich *wissen,* dass es wahr ist - dafür ist es wert zu leben. Für unser persönliches Glücklichsein ist es nicht wert zu leben. Es ist das Wollen und Brauchen vom Glücklichsein, welches die Menschen ruiniert. Anstatt zu *versuchen* glücklich zu sein, was schwierig ist, kannst du einfach zutiefst okay *sein.*

„Okaysein" ist menschlich. Die Jagd nach dem Glücklichsein ist unmenschlich - sie ist nicht was wir wirklich sind und sie richtet nichts aus. Die einzige, echt glückliche Person ist eine Person, die bedingungslos und warmherzig damit okay ist nicht glücklich zu sein. Das ist eine wahrhaft gluckliche Person.

Das bist du also?

Ich bin immerzu glücklich, obwohl das etwas ist, woran ich nicht festhalte. Ich brauche es nicht, weder suche ich danach, noch will ich es - es geschieht einfach immerzu. Es ist eine Frucht des zutiefst und bedingungslosen Okayseins. Es ist etwas, das Menschen nicht bekommen können, etwas, an dem Menschen sich nicht für sich selbst *festhalten* können.

Wenn du wirklich ohne Glücklichsein okay bist, wächst es von selbst. Es gibt nichts, was es aufhalten kann. Aber sobald du es brauchst, kannst du es nicht haben. Wenn du ein nur seichtes oder selbstbefriedigendes, *emotionales* Glücklichsein anstrebst, ist das gefährlich, weil das bedeutet, dass du einen emotionalen „Knopf" hast, der gedrückt werden kann. Sobald jemand dieses emotionale Glücklichsein berührt oder durchkreuzt oder stört, wirst du sehr unglücklich werden. Es war kein *wirkliches* Glücklichsein, denn es konnte gestört werden.

Wirkliches Glücklichsein kann nicht gestört werden. Wirkliches Glücklichsein braucht nicht zusammengehalten oder beschützt oder gesucht zu werden. Es kommt von innen, nicht von außen. Wirkliches Glücklichsein ist eine Frucht des Seins. Es ist wahre innere Zufriedenheit, die aus einer Seinsweise strömt, welche absolut und bedingungslos auf der Seite dessen steht, von dem sie *weiß,* dass es wahr ist, ohne Rücksicht auf die Umstände, ohne Rücksicht auf jegliche persönliche Kosten. Wirkliches Glücklichsein ist die Freude zärtlich okay zu sein... mit allem, so wie es ist.

VII

London, England - 27. November 1998

JENE STILLE KLEINE STIMME

Was immer du verlierst
war niemals dein
und was immer du vielleicht gewinnen könntest
wird niemals für dich sein.

In Wirklichkeit gibt es
keinen Raum für *dich*.
Es gibt nur
Raum für dein *Sein*.
Das macht es wirklich einfach.

All deine Arbeit ist vorbei.
Und was geschehen wird, ist,
dass dein Sein übernehmen wird.
Es wird sein,
wo *du* einst warst.

Das *Du*, welches du
versucht hast zusammenzuhalten,
wird völlig vergehen
und das *wirkliche Du*
wird endlich leben…

Dieses Kapitel beinhaltet Dialoge zwischen John und seinen Zuhörern in London, England - 27. November 1998.

Frage: *Gestern Abend fing etwas für mich zu geschehen an. Ich habe mich ziemlich zittrig gefühlt. Du hast dich mit jemandem verbunden und ich fühlte diese Wärme. Und dann setzte sie sich in meiner Brust fest und ich fühlte so eine richtige Verengung und Beklemmung. Den ganzen Morgen über wurde es stärker. Ich fühle mein Herz klopfen, als ob es gleich zerspringen würde und ich fühle mich zittrig und gleichzeitig fühlt es sich an, als ob ein Elephant auf meiner Brust säße. Irgendwie empfinde ich, dass ich mich dadurch nicht mit dir verbinden kann.*

John: Dafür ist es gedacht: um dich davor zu schützen dich zu verbinden, um dich davor zu schützen innerlich offen und sanft zu bleiben, um dich davor zu schützen, dich mit dem zu vereinen, von dem du weißt, dass es wahr ist. Wenn du derart verwundbar bliebest, würde etwas innerlich zerspringen und du hättest keine Kontrolle über dieses Zerspringen. So benützt du dann eine Verengung als Filter, um dich von Offensein und Sanftheit fernzuhalten, von dem, was als „zu viel" *erscheint*, weil es etwas, das du im Inneren zusammenhältst, zutiefst stören könnte.

Einerseits will ich das mehr als irgendetwas anderes. Ich kann keinen Sinn darin sehen nicht so offen zu sein, aber die vorhandenen Mechanismen scheinen einfach so subtil zu sein. Jedesmal, wenn ich einen Teil davon entwirre, stoße ich auf etwas anderes, das genauso hart und unbeweglich ist.

Du stößt auf alles, was du dir jemals zusammengestellt hast, um dich im Inneren zu schützen - alles, was du im Inneren zusammengestellt hast, um den Fluss der Wirklichkeit, der Wahrheit zu stoppen. Aber nun begegnest du einem mächtigen Fluss *außerhalb* von dir und du verbindest dich mit diesem Fluss, der im Einklang mit dem winzig kleinen Fluss *in dir* steht. Und dann sehnt sich alles in deinem Inneren danach sich mit diesem Fluss außerhalb von dir zu verbinden. Aber da sind alle diese Verengungen und Filter vorhanden, die du benützt hast, um dich während deines Lebens zu schützen. Wenn du ihnen nur die geringste Energie gibst, werden sie verhindern, dass dir alles gegeben wird, wonach du dich immer *wahrhaftig* gesehnt hast. Wenn da ein innerer Konflikt ist, dann deshalb, weil eine wahre Sehnsucht vorhanden ist und gleichzeitig ein Bestreben dich vor genau dem zu schützen, wonach du dich sehnst.

Um mit so einer Verengung oder so einem Druck umzugehen, soll ich einfach damit okay sein?

Lass dich im Inneren mit deinen Schutzmechanismen einfach ruhen, mit deinen Verengungen und deinen Filtern ruhen, so wie sie sind. Sei warmherzig mit diesen Mechanismen okay, die *anscheinend* alles ruinieren. Bleibe im Inneren einfach weit offen. Wenn du diese Schutzvorrichtungen los sein möchtest, dann wird sie das stärker machen. Jegliche auf sie gerichtete Energie wird diese Schutzfilterung stärken.

Wenn es *warmherzig* okay ist, dass die Verengung in deinem Inneren scheinbar alles ruiniert, gerade dann, wenn es scheint, dass du so nah bist, das zu finden, wonach du dich immer gesehnt hast, dann wird dieses warme „Okaysein" erlauben, dass die Idee einer Verengung und die Filter im Inneren auseinanderfallen. Sie benötigen Energie, um bestehen zu bleiben.

Du kannst nur einfach warmherzig damit okay sein dasjenige, was du gesät hast, auf eine Weise zu ernten, die nichts Negatives für dich enthält - dass es nur einfach ist, was es ist. Du brauchst nichts loszuwerden oder dich mit irgendetwas zu befassen. Sobald du mit dem Ernten von dem, was du gesät hast, bedingungslos okay bist, ist dies dann das Säen von etwas völlig

Neuem. Und solch ein Säen löst auf, was du vorher geerntet hast.

Ich sehe, dass ich teilweise irgendwie dahin gelangt bin und vielleicht habe ich daran festgehalten. Das hat den Fluss gestoppt.

Solltest du erweckt werden, was dir dann erlauben würde erwacht zu bleiben, wäre dein Einverständnis jegliche Energie in dich hereinkommen zu lassen und sie alles tun zu lassen, was sie wollte. Wenn sie dein Erwachen wegnehmen wollte, dann würdest du im Inneren einfach weit offen bleiben. Alles könnte dein Erwachen *haben.* Allem wäre erlaubt es scheinbar zu ruinieren. Alles könnte es unterbrechen. Alles könnte versuchen es auszulöschen.

Ich höre die Wahrheit von dem, was du sagst und ich kann den Widerstand in meinem Körper fühlen.

Wenn du vollständig bereit bist ruiniert zu werden, innerlich bedingungslos okay, auf jede Weise im Inneren ruiniert zu werden, dann gibt es nichts, das dich ruinieren kann. Dann bist du innerlich auf zärtliche Weise unbesiegbar. Du bist unberührbar, weil es keine Rolle spielen würde, was dich ruinierte, weil du im Inneren wunderbar okay wärest. Dieses wunderbare „Okaysein" wäre der Raum und wäre die Seinsweise, die du *bist.* Da gäbe es nichts, das diesen Raum dann berühren könnte. Aber wenn du anfängst dich umzusehen, ob etwas ihn fortnehmen könnte, beginnt dieser Raum schon zu schrumpfen und fortgenommen zu werden.

Ich habe Schwierigkeiten in meinen Beziehungen zu anderen, denn einerseits fühle ich mich sehr offen und andererseits fürchte ich, mich in den Absichten anderer zu verlieren.

Um zu einer Seinsweise zurückzukehren, die immer rein und

wahr ist - einer Seinsweise, die kein Diskriminieren erfordert, kein Beurteilen, kein Zusammenhalten oder Aufrechterhalten, einer Seinsweise, die in jeglicher Lage zutiefst wahrhaftig ist - würdest du alles hereinlassen, *so wie es ist.* Solltest du den Christus finden oder solltest du den Antichrist finden, es würde für deine Seinsweise keinen Unterschied machen. Du würdest einfach, bedingungslos, vollständig und warmherzig dieser Energie Einlass gewähren, in einer wahren Weise der Offenheit und Sanftheit des Seins verbleiben, einerlei ob das, was dir begegnet, gut ist oder böse. *Du* würdest nicht urteilen. Du würdest einfach all *deine* Energie einer Seinsweise geben, von der du *weißt,* dass sie wahr ist. Wenn du dann dem Christus begegnen solltest, wäre das die einzige Weise, auf die so ein Seinswesen Zugang zu deinem Sein im Inneren hätte. Jegliches Wollen oder Brauchen, um etwas für dich zu bekommen, würde diesen Zugang verschließen und nichts *Wirkliches* wäre in der Lage hereinzukommen.

Würdest du einem Wesen wie dem Antichrist begegnen und diese Energie bedingungslos hereinlassen, ohne Rücksichtnahme darauf, was sie dir innerlich antun könnte? Würdest du das alles vollständig hereinlassen und niemals etwas „anrühren", um zu helfen oder um zu bewahren oder um zu vermeiden, dann gäbe es da nichts, was man in dir greifen könnte. Tief in deinem Inneren wäre da nichts, was man zu fassen bekäme. So ein Wesen könnte geradewegs durch dich hindurchreichen und es gäbe nichts womit es sich identifizieren könnte, nichts, das zu bekommen wäre. Dein einziger Schutz bei einer Begegnung mit so einer Energie ist Zärtlichkeit, die überhaupt keinen Schutz benötigt.

In dem Moment, in dem du den geringsten Widerstand leistest, in dem Moment, in dem du nicht von so einer Energie betroffen sein willst - hat sie nun etwas zu fassen. Unwahre Energie kann nur ein „Festhalten" in dir fassen. Wenn nur das geringste Maß an Festhalten vorhanden ist: Widerstand, Vorliebe, Gutes zu wollen oder das Bedürfnis Böses wegzustoßen... dann kann jede unwahre Energie *etwas* in dir haben. Ein kleines Baby ist durch unwahre Energie nicht verwundbar, es ist einfach es selbst. Unwahre Energie geht geradewegs hinein, kann dem Baby inneren Schmerz verursachen, geht aber dann geradewegs hinaus. Sie bleibt nicht im Inneren stecken. Sie kann nicht in die wahre Seinsweise des Babys eindringen. Sie kann der Wirklichkeit keinen Schaden zufügen.

Das Gleiche gilt für unwahre Energie, der *du* Form gegeben hast, die *du* geschickt im Inneren untergebracht hast, um dich zu schützen oder um etwas fernzuhalten. Auf die gleiche Weise, wie es das Baby tut, kannst du dieser Energie erlauben, alles, was sie will, in dir zu tun - ihr erlauben Schmerz zu verursachen und scheinbar alles zu ruinieren. Aber sie wird in dir keinen *Platz* haben. Somit wird sie ihren Zweck verloren haben. Aber sobald du sie nicht *magst*, bleibt ihre Absicht bestehen. Und wenn du sie wirklich gar nicht magst, wird diese unwahre Energie besonders intensiv für ihren Platz des „nicht Okayseins" in dir arbeiten.

Wenn du bedingungslos und warmherzig damit okay bist absolut alles zu *verlieren*, dann zeigt das, wieviel Raum dein Sein gerade in dir *gewonnen* hat. Das zeigt, wieviel Raum dein *Sein* nun erhält, um in dir zu *sein*, anstelle von *dir*. Und im selben Maß wird unwahre Energie - sei es, dass du sie selbst dort hingetan hast oder dass sie von außerhalb von dir kam - keinen Platz finden, den sie in dir *haben* kann.

Was immer du verlicrst, war niemals dein und was immer du vielleicht gewinnen könntest, wird niemals für dich sein. In *Wirklichkeit* gibt es keinen Raum für *dich*. Es gibt nur Raum für dein *Sein*. Das macht es wirklich einfach. All deine Arbeit ist vorbei. Und was geschehen wird, ist, dass dein Sein übernehmen wird. *Es* wird sein, wo *du* einst warst. Das *Du*, welches du versucht hast zusammenzuhalten, wird völlig vergehen und das *wirkliche Du* wird endlich leben…

Ich habe das Gefühl, als hätte ich ein sehr raffiniert konstruiertes

Gewebe - Dinge, die fast die richtige Farbe haben, aber nicht das Richtige sind. Aber weil sie mir nahe sind, sind sie schwer loszulassen.

Sie sind es bestimmt nicht wert festgehalten zu werden. Erwachen ist die wunderbarste Entfaltung eines wirklichen Schatzes und sogar der ist es nicht wert festgehalten zu werden. Wir mögen unseren unwahren, selbst geschaffenen Schatz nur deshalb, weil wir eine Menge Hoffnung in ihn investiert haben. Er hat uns im Tiefen gar nichts gegeben. Wir glauben jedoch, dass er es könnte, wir hoffen, dass er es wird. Und er wird uns niemals wirklich irgendetwas *geben*, obwohl er uns weiterhin unsere Energie *kosten* wird.

Ich habe das Gefühl, dass ich so weit komme und dann ziehe ich zurück.

Du hast das „Zurückhalten" vor langer Zeit in deinem Inneren eingerichtet - nun arbeitet es schließlich für dich. So *darfst* du es nun genau so gut arbeiten *lassen,* wie du es zusammengebaut hast. Nun *darfst* du dich deinem wahren Schatz hingeben: deiner Liebe zur Offenheit und Sanftmut inmitten des von dir geschaffenen Musters des „Zurückhaltens", welches versucht all dein Loslassen ungeschehen zu machen. Du *darfst* dieses Muster warmherzig das sein lassen, was es ist, während du einfach in dem verbleibst, was du *weißt.*

Und wenn dieses Muster, welches du zusammengebaut hast, *scheinbar* alles ruiniert, was die Wahrheit in deinem Inneren eröffnet, dann *darfst* du dich weiterhin dem ergeben, von dem du weißt, dass es wahr ist. Es ist dein liebster Schatz, dass du der Wahrheit dienen kannst, indem du einfach deiner Seinsweise *erlaubst* der Seinsweise der Wahrheit selbst gleichzuwerden, und dass du inmitten deiner für dich geschaffenen unwahren Muster und Strukturen wahr sein *darfst.* Dann wird die Wahrheit erblühen, auf jegliche Weise, zu der sie bewegt ist. Und wenn etwas, das du selbst geschaffen hast, diese Blüte verzehrt, dann ist das *auf warmherzige Weise* nicht *deine* Angelegenheit. Du lebst einfach in der einzigen Weise, von der du tatsächlich *weißt,* dass sie wahr ist - zartes, sanftes Ruhen im Inneren.

Ich beschäftige mich fortwährend damit diese Stimmen zu sortieren und sie ihrer Rangordnung nach einzuordnen, um zu versuchen herauszufinden, welche tatsächlich die stillste ist.

Immer, wenn du herausfindest, welche die stillste zu sein scheint, vermute nie, dass es da nicht noch eine stillere gibt. Die *zarteste* Stimme im Inneren ist die einzige, für die es wert ist sich hinzugeben.

Bis gestern Abend konnte ich gewisse Dinge wie Sorgen und Zweifel nicht wirklich abschalten und sie schienen einfach sehr laut zu sein. Jetzt scheinen sie nicht so laut zu sein. Aber was komisch ist, als ich hierher kam und du heute die Halle betratest, da schienen sie wieder laut zu werden.

Das kommt daher, weil du dich im Inneren hast still werden lassen. Als du hereinkamst, kehrten all diese Stimmen mit Macht zurück, weil ich alles bin, vor dem dich diese Stimmen schon immer gewarnt haben. Sie alle sind Stimmen des Rationalisierens, der Rechtfertigung, des dich „Schützens", des Leugnens und der Angst. Und dein Betreten dieser Halle wird alle diese Stimmen wirklich bedrohen.

Während du fort bist - angenommen ich sehe dich nicht mehr - gibt es da noch etwas anderes, an dem ich weitermachen könnte?

Lass einfach diese Weise der inneren Offenheit und

Sanftmut, von der du *weißt,* dass sie wahr ist, deine einzige Seinsweise verkörpern, absolut ohne auf irgendwelche *persönliche* Kosten zu achten. Das ist es.

Ich dachte nur da wäre mehr...

Es wird mehr geschehen, aber dieses „*mehr*" schon jetzt? Das ist nicht relevant. Jetzt ist das Einzige, was dich wirklich betrifft, nur eine schlichte Seinsweise, die rein und wahr ist. Erlaube dieser wahren Seinsweise *deinen* ganzen Raum völlig zu übernehmen und lass sie *dein* ganzes Leben haben. Das ist es. Das macht es wirklich einfach. Dann beginnt der allererste Anfang. Es ist das allererste Beginnen deines Seins und die Erlaubnis für dein *wirkliches Du* dieses Leben zu leben. Und das Du, welches du für dein eigenes Wollen und Brauchen geschaffen hast, ist nun endlich und einfach ganz aus dem Weg.

Das Du, an das du gewöhnt bist, das Du, welches du sein *wolltest* und *nötig hattest* zu sein, ungeachtet dessen, wie laut es schreit, dieses Du braucht nun, von einem Bereich der Offenheit und Milde aus, niemals wieder angehört zu werden. Du wirst niemals mit ihm argumentieren, ihm niemals glauben, es niemals um Rat fragen - selbst wenn du unter Druck stehst. Du wirst nur auf die allerfeinste Stimme in dir eingestimmt sein. Und auf alles, was *sie* sagt, wirst du unmittelbar antworten.

Das heißt also einfach nach jener „kleinen Stimme" zu suchen. Brauche ich nichts anderes zu tun als „John Kassetten" anzuhören?

Wenn „jene stille kleine Stimme", die winzigste, ruhigste „kleine Stimme" sich dazu hingezogen fühlt Kassetten anzuhören, so wirst du das tun. Und wenn jene winzig kleine, ruhige, zarte Stimme es nicht vorzieht oder nicht braucht Kassetten anzuhören, dann wirst du das nicht tun.

Ich habe über die Dinge, die du gesagt hast, nachgedacht und ich weiß nicht, ob ich über sie nachdenken soll und gleichzeitig nach der kleinen Stimme suchen oder ob ich diese Dinge einfach vergessen soll?

Die kleinste Stimme wird eine Sprache sprechen, die du im Inneren kennst, deshalb brauchst du dir nichts von dem zu merken, was ich im Äußeren gesagt habe. Die äußeren Worte repräsentieren die kleinste Stimme in deinem Inneren. Ich mache dich wieder mit jener winzig kleinen Stimme in dir vertraut, die du so zweckmäßig verdeckt hast, *während* ich diese Worte spreche. Du brauchst dich nicht an meine Worte zu erinnern. Sie werden dir nicht wirklich helfen. Wenn du dich aber an meine *Weise*, meine Seinsweise erinnerst - das wird dich öffnen. Dann wirst du dich auch an eine Menge Worte erinnern. Was du aber lieben wirst, ist die Seinsweise, die du *durch* die Worte erkennst.

Wert hat, was du *im Inneren kostest*... von dem was *ich bin*. Dem haftet ein Geschmack an: ein Geschmack des Seins, ein Geschmack des Innersten. Es ist wie Nahrung und es ist wie Nektar. Das ist das Einzige, was der Erinnerung wert ist. Wenn du dich an diesen Geschmack erinnerst, dann bringt dich das zu genau demselben Geschmack tief in deinem Inneren - zurück zu einer wahren Seinsweise. Das ist keine Anweisung, Information oder Lehre, wie wir es allgemein verstehen. Ein wirklicher Lehrer macht dich wieder mit einem Geschmack vertraut, von dem du schon *weißt*, dass er wahr ist, der aus deinem allertiefsten Inneren kommt. Das ist *wahres* Lehren.

Sollte irgendjemand dich jemals lehren, während du dich im Inneren inmitten eines absolut ehrlichen Raums des Seins befindest und du erkennst diesen inneren wahren Geschmack nicht, wirst im Inneren nicht bewegt still und sanft zu sein, dann hörst du einem falschen Lehrer zu. Dann gibt es eine ganze Menge Information, welche dich unterhalten und dazu verleiten wird in deinen Kopf zu gehen und mit Informationen zu spielen. Du wirst durch Gedanken und Gefühle abgelenkt oder von etwas angeregt, das angeblich für dein Leben von Vorteil oder heilend sein wird - *für dich*. Und du wirst einem falschen Lehrer zuhören. Was du hören wirst, ist eine *unwahre* Lehre. Glaube nur, was tatsächlich dein Sein berührt - das wird dir immer zeigen, was wahr ist.

Als ich zuerst hierher kam und dich sah, hatte ich so ein Gefühl in Bezug auf Jesus und dich. Ich nehme an, das ist wahrscheinlich meiner Erziehung wegen. Ich frage mich, was deine Ansicht sein mag... ist es nur eine andere Geschichte, nur eine moralische Gewissensregung?

Ein imaginärer Jesus ist eine imaginäre Falle. Wenn er ein imaginärer Jesus ist, dann wirst du ihn umso größer machen, je mehr du ihn brauchst und willst. Wenn er ein imaginärer Jesus ist, und du alles in deiner selbst erschaffenen Beziehung zu diesem Jesus vollständig loslässt, dann wird sie ganz vorbei sein. Nichts wird sie zurückbringen... es sei denn, du beginnst ihr wieder Energie zu geben.

Wenn es aber ein wirkliches Wesen der Wahrheit ist, das dich berührt, wird dein Erkennen dieses Seinswesens umso stärker werden, je hingebungsvoller du dann jegliche mentale und emotionale Bindung loslässt. Alles Wollen und Brauchen loszulassen und in einer wahren Weise innerer Offenheit und Sanftmut zu verbleiben - das ist die einzige Weise, um eine *wirkliche* Beziehung zu beleben. Das ist alles. Das ist die einzige Energie, die dein Sein in einer Intimität des Seins berührt.

Alles, an das es wirklich wert ist zu glauben, ist nur eine *Weise*, die du bereits als wahr erkannt hast, eine Seinsweise, die dich mit deinem innersten Sein verbindet und die eine unglaubliche Anziehung verursacht, dich deinem Innersten - auf Kosten von allem im Äußersten - zu ergeben. Und sollte diese Seinsweise ein gewisses Hingezogensein in eine besondere Richtung verursachen, dann ist es wert sich in diese Richtung zu begeben. Aber was jegliche Idee betrifft, jegliches innere Bild, jegliche Einbildung oder visuelle Vorstellung - sie alle werden dich aus einer wahren Seinsweise herausholen. Sie alle werden dir etwas geben, worauf du dich fixieren und womit du in deinen Gedanken und Gefühlen arbeiten kannst. Sie werden dich in deinem Kopf beschäftigt halten. Was du weiterhin erfahren wirst, ist ein innerer Schmerz anstelle der Nahrung, die nur von einer inneren Seinsweise kommt, die zart und wahr ist.

Wenn ich auf Stimmen in meinem Kopf höre und sie siebe und sortiere, ist es meine Erfahrung, dass eine Menge Energie aufgebraucht wird, wenn es laute Stimmen sind. Aber als ich gelauscht und erst kürzlich nach dieser kleinen *Stimme gesucht habe, brauchte es nicht soviel Anstrengung. So nehme ich an, dass ich das tatsächlich eher tue als durch Gedanken zu gehen.*

Das stimmt. Sie ist auch nicht die *leiseste* Stimme in dir. Je leiser die Stimme, desto mehr Ehrlichkeit ist in ihr. Es gibt Stimmen in deinem Inneren, die so wunderbar leise sind, dass überhaupt kein Laut da ist. Wenn du deine ganze Aufmerksamkeit vollständig der allerleisesten Stimme in dir gibst, würde dich das keine Energie kosten. Und es würde dir so viel Energie geben. Es würde ein Fließen in deinem Inneren verursachen, das unaufhaltsam ist, ein Fließen, das alles um dich heilt und alles um dich nährt - und nichts von dir verbraucht. Wenn sich so ein Fließen durch dich bewegt, dann wirst du belebt. Die gleiche Vitalität wird da sein, die du in ganz kleinen Kindern siehst.

Wenn ich merke, dass ich in einem wirklich lauten Gedanken bin, ist es das richtige Verhalten einfach woanders hinzuschauen?

Du brauchst nicht woanders hinzuschauen. Du kannst weiterhin die laute Stimme anschauen, aber aus einer Stille im Inneren, in der du absolut überhaupt kein Vertrauen in die laute

Stimme hast. Du kannst sie anschauen und sie wird für dich einfach die Stimme eines Narren sein. Die Stimme wird keine Bedeutung für dich haben. Sie wird es nicht einmal wert sein sich von ihr abzuwenden. Solltest du sie nicht mögen und dich von ihr abwenden, dann würde sie etwas in dir *haben* - sie würde dein „sie nicht mögen" haben.

Für dich wird das Abwenden von einer lauten Stimme immer noch wertvoller sein als das, was du vorher getan hast. Aber es wird sogar noch feiner als das. Je freier du wirst, desto weniger Unterschied machen die Stimmen überhaupt. Dann würdest du keiner den Vorzug geben, selbst wenn du tatsächlich einen Schalter im Inneren hättest, mit dem du sie abstellen könntest. Du würdest den Schalter niemals benützen. Es gäbe eine anhaltende Stille im Inneren - ungeachtet jeglicher Energie, die sich bewegt, um sie zu stören - die niemals schwanken würde, sich niemals verändern würde. Es würde nur noch stiller werden. Da wäre Raum für jegliche Art der Energie sich in dein Inneres zu bewegen, geradewegs auf den Schalter zuzugehen und ihn anzuschalten. Und du würdest den Schalter niemals anfassen. Du würdest all deine Energie nur der stillsten, kleinsten, zartesten Stimme in dir geben.

Wenn du mit jeder Stimme in deinem Inneren bedingungslos okay bist, dann wirst du niemals etwas in Bezug auf sie tun. Jeder Stimme ist es erlaubt hereinzukommen. Auf die wärmste Weise hörst du einfach nicht auf sie. Die einzige Stimme, auf die du hörst, ist jene stillste Stimme. Diese Stimme hat dich vollkommen gewonnen. Du lebst in totaler Hingabe an jene „stille kleine Stimme". Du wirst niemals zögern, sie niemals in Frage stellen, niemals argumentieren, aufbegehren oder dich aufregen. Du wirst leben, um dein ganzes Leben an jene „winzig kleine Stimme" in deinem Inneren hinzugeben.

In dem Moment, in dem sich die winzige Stimme auch nur ein klein wenig in eine Richtung bewegt, wirst du in diese Richtung gehen. Und sollte es da irgendetwas in deinem Leben geben, das an dich gebunden ist und verhindern könnte, dass du dich in diese Richtung bewegst, wirst du jene Bindungen lösen, nur damit du jener kleinen Stimme in die Richtung folgen kannst, in die sie geht. Du wirst leben, um jener kleinen Stimme zu dienen und du wirst niemals von jener kleinen Stimme erwarten, dass sie dir etwas gibt - du willst nichts zurück. Du lebst, um alles zu geben… immerzu.

Dann darf dein innerstes Sein im Fließen leben, geradewegs vom Innersten den ganzen Weg hindurch in jeden Teil deines äußersten Bewusstseins… geradewegs durch all deine mentalen, emotionalen, physischen, intuitiven und willentlichen Oberflächenvehikel. Und diese Vehikel des Ausdrucks werden sich, einem Akkordion ähnlich, zu öffnen beginnen. Sie fangen an sich auszudehnen, sie fangen an sich zu vergrößern und das Fließen füllt einfach alles, was sich in deinem Inneren auftut. Eine mentale Entwicklung wird folgen, die sich mit nichts vergleichen lässt, was du erlebt hast und eine emotionale Tiefe, die dich zutiefst überraschen wird. Und was immer bei all diesem Offenwerden zu blühen anfängt, wird dir zu deinem allerliebsten Schatz, um ihn an jene winzig kleine Stimme *zu verschenken*. Du wirst leben, nur um dich *selbst fortzugeben.*

Jene winzig kleine Stimme ist nur die *Feinheit des Seins* im Inneren deines Innersten, das ein klein wenig fließt - sehr leicht und sehr zart. Lass *dich* das sein, anstatt durch Wollen, Begehren, Hoffnungen und Träume ein Du für dich selbst zu erschaffen. Du kannst alle deine Träume aufgeben, bis da nur ein einziger, tiefer Traum übrig bleibt: der Traum, dass dein Innerstes alles und jedes in dir haben darf, dass es den gesamten Raum haben darf, den *du* jemals besetzt hattest. Das ist dein einzig wirklicher Traum.

Du wirst allerhand andere kleine Träume in deinem Leben haben und sie werden alle wunderbar seicht für dich sein. Sie werden nur Spiel sein. Du kannst alle diese kleinen Träume auch an dein Innerstes geben, sodass es etwas hat, worin es aufsteigen und mitfließen kann. Lebe, um alles, was in Form ist, für das hinzugeben, was formlos in dir ist. Dann wirst du ein wirklicher Mensch sein, vom Innersten ganz hindurch bis zum Äußersten. Und da wird kein Ego sein. Das Bewusstsein wird frei sein, total frei. Das ist die einzige Seinsweise, die tatsächlich, wirklich wahr ist.

Das ist der Grund und die Bestimmung deines Daseins. Du hast überhaupt keine andere Bestimmung. Dann wäre jegliches Problem, an dem du je festhalten könntest, nur eine Ablenkung davon für dein Innerstes zu leben. Probleme sind nur Besitzergreifer des Seins - sie sind erfundene Seinsarten, um Raum zu stehlen.

Wissenschaftler scheinen anzunehmen, dass der Verstand selbst von Natur aus kompliziert ist und dass das Bewusstsein deshalb etwas Geheimnisvolles ist. Ich würde gerne wissen, was deine Gedanken dazu sind?

In *Wirklichkeit* weiß kein Wissenschaftler, der das Bewusstsein studiert, eigentlich, worüber er oder sie spricht. Ein Wissenschaftler kann nur wahrnehmen. Ein Wissenschaftler kann nur aus der Entfernung etwas betrachten, es studieren und Schlussfolgerungen ziehen. Und die Schlussfolgerungen können genauso leicht richtig wie auch „völlig daneben" sein. Ein Wissenschaftler kann nicht *wirklich* wissen, was für eine Art Schlussfolgerung er oder sie hinsichtlich des Bewusstseins zieht, es sei denn, dass die *Seinsweise* im Bewusstsein dieses Wissenschaftlers zutiefst wahr ist. Und dann würde er oder sie es nicht bloß *studieren,* dieser Wissenschaftler würde das Bewusstsein, die Wirklichkeit, die Wahrheit *leben und realisieren.*

Meine Frage ist, ob das Bewusstsein geheimnisvoll ist oder nicht?

Wie definierst du geheimnisvoll?

Etwas, das weder erkannt noch erfahren werden kann. Etwas, das nicht ermessen werden kann, etwas, das nicht beantwortet werden kann.

Nichts im Leben oder im Universum ist geheimnisvoll. Nichts im Bewusstsein ist geheimnisvoll. Aber *für das Bewusstsein* ist alles wunderbar geheimnisvoll. Alles, was das Bewusstsein sieht, das *ihm* ein Geheimnis ist, verursacht eine Anziehung und dann bewegt sich das Bewusstsein geradewegs in *das Innere* dessen, was ihm geheimnisvoll ist. Ist es einmal im Inneren, öffnet sich das Bewusstsein vollständig, erkennt dessen Wirklichkeit und integriert das. Das Bewusstsein verschmilzt mit dem Unbekannten und macht es sich auf intime Weise bekannt.

Wahres Bewusstsein hat die Freiheit fortwährend in das Unbekannte hineinzugehen, es zu integrieren und es sich zutiefst bekannt zu machen. Es ist in einem steten Zustand der Ausdehnung und Integrierung und der endet niemals. So wie diese Ausdehnung sich nach außen in absolut alles hineinbewegt, was gegenwärtig in Form ist, so bewegt sich das Bewusstsein genau gleichzeitig nach innen - tiefer und tiefer in das, was formlos ist… tiefer und tiefer und tiefer.

Glaubst du, dass es möglich ist das Bewusstsein auf irgendeine wissenschaftliche Weise zu definieren oder glaubst du, dass die Wissenschaftler nur ihre Zeit vergeuden?

Wenn Wissenschaftler theoretisieren, um das Bewusstsein zu definieren, dann sind sie während der Zeit, die sie theoretisierend verbringen, nicht *im Sein*. Deshalb können ihre Schlussfolgerungen nur von geringfügigem Wert sein. Wenn jemand, der wirklich zum Bewusstsein erwacht ist, das Bewusstsein definiert, dann *ist* diese Person in einer *Realisierung* seiner oder ihrer Zeit. Das führt zu einer völlig neuen Art der wissenschaftlichen Untersuchung, denn sie bezieht sich auf eine *wirklich echte*

Verwendung des Verstandes oder eines der anderen Vehikel des Ausdrucks, durch eine *Seinsweise*, die wahr ist. Wissenschaftler können nur mit neuen Informationen aufwarten. Wenn sie lediglich das Verstandesvehikel benutzen, um diese Information zu studieren und zu definieren, ist das ohne *wirklichen* Wert.

Ein wirklicher Wissenschaftler ist jedes Bewusstsein, welches sich in das Unbekannte ausdehnt - in das Unbekannte all dessen, was in Form ist und gleichzeitig in das Unbekannte all dessen, was gegenwärtig form*los* ist - und das in den Prozess integriert. Das ist ein *wirklicher* Wissenschaftler.

Ist da eine Bewegung des Seins in mir, die mich eine Frage an dich stellen lässt?

In dir ist eine Bewegung des Seins, die zu mir spricht und da ist eine Rückantwort, die sich darauf bezieht.

Ich erlebe so eine starke Anziehung, eine Bewegung des Seins. Als ich mir selbst die Frage stellte, die ich dich gerade fragte, fing diese Anziehung ein wenig zu wachsen an und als du mir antwortetest, war es wirklich klar. Der „Nektar" des Seins *neigt dazu* da zu sein, *wenn wir miteinander kommunizieren. Das ist es eigentlich. Mein Gefühl ist, dass die Wahrheit mich hat, dass du mich hast. Doch da ist gleichzeitig diese Stimme, die dich auch haben will - die den Nektar haben will.*

Du kannst haben, was ich als eine Seinsweise bin, was ich als ein Urquell dieser wahren Seinsweise bin... nur nicht auf *deine* Weise. Du kannst mich nur auf die Weise haben, die mit deinem Innersten übereinstimmt. Auf *diese* Weise kannst du alles haben, was du gerne hättest - alles. Da gibt es keine Grenze, keine Einschränkung. Du identifizierst dich bereits auf diese Weise mit mir und wenn wir direkt miteinander kommunizieren, ist es leicht für dich in so einer Weise zu sein, die dein Sein bewegt - nur ist sie gegenwärtig eher schmal.

Ist es deshalb so leicht mit dir zu kommunizieren, weil du mich irgendwie innerlich berührst oder mich herausziehst - in dich hinein?

Ja, doch tief im Inneren weißt du bereits, wie man auf so eine Weise ist, weil da ein eher schmales *Wissen* vorhanden ist, wie man darauf antwortet. Somit existiert ein Fließen, eine Beziehung oder ein Bund des Seins.

Innerhalb dieses Bundes besteht die Möglichkeit zu allerhand innerem „Reisen" - da gibt es viel mehr, das geschehen könnte. Aber wenn ich mit jemand anderem kommuniziere, wird sich dein gegenwärtiges eher schmales Sein entfalten und ausdehnen müssen, damit du an derselben Verbindung, in der ich dann fließen würde, an derselben Weise des Seinsbundes teilhaben kannst. Deine Art zu sein müsste sich auftun, damit du das einbeziehen könntest, was *in mir* geschieht, selbst wenn die Kommunikation gegenwärtig nicht *auf dich gerichtet* ist. Je mehr die Tiefe und die Breite *deines* Seins sich ausdehnen, desto weniger wird *unser* Bund des Seins durch deren Begrenzung limitiert und eingeschränkt. So wie die Ausdehnung von dem, was du als ein Sein bist, wächst, wird deine Kommunikation, deine Teilnahme, dein „Reisen" mit dem, was ich als ein Sein bin, wachsen…

Die einzige Weise, auf die deine Art zu sein sich entfalten kann, ist noch tiefer in das Innere zu fallen. Das Herz oder du als Gewahrsein löst sich auf und wird noch so wunderbar viel feiner. Dann würde dein Innerstes das haben, was *ich bin*, in Tiefen und Breiten des Seins, die du dir nicht einmal vorstellen könntest. Und das wird geschehen, wenn du weiterhin dem nachgibst, von dem du weißt, dass es wahr ist. Es ist unvermeidlich. Wenn du *dich* weiterhin an diese *Seinsweise*, die du liebst, fortgibst, wenn du weiterhin *deinen* Raum austauscht, damit jene sehr zarte Seinsweise im Inneren einen weiteren Raum hat, in dem sie *sein* kann und wenn du *dich* weiterhin opferst... dann ist es gewiss. Und du wirst weiterhin tiefer und tiefer und tiefer in mein Inneres einkehren - in das Innere meiner *Seinsweise*, von der du *weißt,* dass sie wahr ist.

Außerhalb von dir repräsentiere ich weiterhin eine Tiefe von dem, was *innerhalb* von dir ist. Je mehr du dieser Seinsweise nachgibst, desto tiefer wirst du dich, innerhalb von dem, was *ich bin*, befinden und desto tiefer wird sich dein eigenes Sein in *dir* auftun. Solch eine wirklich wunderbare Beziehung wird entstehen - eine Beziehung des Seins.

Diese Beziehung des Seins heißt, dass du *deinen Raum* von dem meistern lässt, was du in mir als wahr erkennst, während ich zulasse, dass *mein Raum* und was ich bin, von dem kleinen Teil in Besitz genommen und gemeistert wird, den ich in *dir* erkenne und der sich weiterhin öffnet und sanft wird.

So haben wir diese Beziehung gegenseitiger Zusage. Es ist eine Liebesbeziehung in der Wahrheit. Da ist ein Fließen „der Verliebtheit des Seins", ein Fließen der Intimität. Es ist innerste Intimität. Und für das, was du als ein Sein wirklich bist, ist sie unwiderstehlich, nur weil du *weißt,* dass sie wahr ist. Und das Einzige, was sie in deinem Inneren berührt, ist dein Seinswesen.

Wahrheit kann sich nur in der Liebe zur Wahrheit finden. Wahrheit ist nicht persönlich, wie wir es gewöhnt sind das zu verstehen, sie ist jedoch absolute Intimität des Seins. Sie ist die einzig *wahre Erfüllung des Seins,* die jemals war oder sein wird. Wahrheit ist kein Mysterium - ihre größten Geheimnisse sind für dich durch schlichte Ehrlichkeit erkennbar und durch Hingabe an das, was diese Ehrlichkeit entschleiert. Es ist deine Fähigkeit als Bewusstsein *wirklich* zu leben und dich *wahrhaftig* als menschliches Wesen zu entwickeln. In dem Moment, in dem du sie kostest, wirst du unwiderstehlich hingezogen, um von ihrer Güte genährt, von ihrer Vollkommenheit erfüllt zu werden. Wahrheit ist vollendete Freiheit des Bewusstseins. Und du wirst niemals ein Ende erreichen...

web site: www.johnderuiter.com